青春期心理健康教育理论与实践

主　编　颜苏勤
主　审　王云玺

中国教育出版传媒集团
高等教育出版社·北京

内容简介

本书为长期从事中职青春期心理健康教育的一线教师在实践基础上的探索与研究成果。上篇为理论篇，针对中职生在青春期身心发展过程中面临的问题，深入浅出地介绍青春期心理健康的理论知识，为青少年解决心理困惑和挑战提供理论指导；下篇为实践篇，介绍作者团队在科研、课程、活动、个案辅导以及学校文化建设中的实践经验与成果，为教育工作者解决中职生心理发展问题提供可借鉴的范例。

本书可作为中等职业学校青春期心理健康教育者和研究者参考书，还可供广大社会读者阅读使用。

图书在版编目（CIP）数据

青春期心理健康教育理论与实践 / 颜苏勤主编. -- 北京：高等教育出版社，2023.5
ISBN 978-7-04-060229-6

Ⅰ.①青… Ⅱ.①颜… Ⅲ.①青春期-心理健康-健康教育-中等专业学校-教材 Ⅳ.①G444

中国国家版本馆CIP数据核字(2023)第049485号

Qingchunqi Xinli Jiankang Jiaoyu Lilun yu Shijian

策划编辑	邢燕波	责任编辑	邢燕波 王培颖	封面设计	杨伟露
版式设计	于 婕	责任校对	刁丽丽	责任印制	韩 刚

出版发行	高等教育出版社	网 址	http://www.hep.edu.cn
社 址	北京市西城区德外大街4号		http://www.hep.com.cn
邮政编码	100120	网上订购	http://www.hepmall.com.cn
印 刷	运河（唐山）印务有限公司		http://www.hepmall.com
开 本	787mm×1092mm 1/16		http://www.hepmall.cn
印 张	11.75		
字 数	170 千字	版 次	2023年5月第1版
购书热线	010-58581118	印 次	2023年5月第1次印刷
咨询电话	400-810-0598	定 价	35.00元

本书如有缺页、倒页、脱页等质量问题，请到所购图书销售部门联系调换
版权所有 侵权必究
物 料 号 60229-00

前言 Preface

随着社会的进步和人们生活水平的不断提高，青春期个体的心理健康日益受到关注。这一时期是儿童向成人的过渡时期，身体的快速发育、性与生殖能力的成熟、自我意识的增长、渴望独立与依赖家庭的矛盾、同伴关系与家庭关系的处理、学业与专业方向的选择等，都是他们面临的重大人生课题。如何应对这些挑战、平稳地度过青春期，成为每个中职生乃至整个家庭、学校和社会面临的重要任务。帮助中职生获得科学、系统的青春期性知识，正确对待生理和心理的成长，提高自我保护能力和责任意识，防范危险性行为，形成健全人格，正是《青春期心理健康教育理论与实践》编写与出版的意义所在。

全书分为上、下两篇。上篇为理论篇，通过自我同一性与自我悦纳、性别与自我发展、同伴关系、危险性行为与防护、家庭的任务五个主题，结合青少年存在的发展问题，深入浅出地介绍了有关青春期心理的相关理论知识，为解决青少年面临的困惑和挑战提供了理论指导。下篇为实践篇，从课程的实证研究、课程的教学研究、课程的拓展活动、典型案例与辅导、青春期与校园文化五个方面，介绍了青春期心理健康教育在科研、课程、活动、个案辅导以及学校文化建设中的探索实践和丰硕成果，为教育工作者解决中职生心理发展问题提供了可借鉴的范例。

理论篇共有五章。第一章自我同一性与自我悦纳，包括三个部分：青春期的生理及心理变化、青春期的自我同一性危机及青春期的自我悦纳。分别介绍了青春期的界定，青春期的生理、心理变化，以及由此带来的自我同一性危机，分析自我同一性危机的表现，以及如何预防与干预同一性危机；结合青春期阶段体像烦恼的现状分析及应对策略的探讨，帮助青少年学会自我悦纳。第二章性别与自我发展，阐述了生理性别、社会性别、性别角色、性别角色模式、性别刻板印象、双性化特质的相关概念及心理学家对性别的研究，探索青春期学生典型的性别发展模式，从性别平等视角对青少年性别角色和双性化人格培养提出建议，有助于青少年突破性别刻板印象的局限，更好地实现自我发展。第三章同伴关系，从大群体和小团体、校园欺凌、边缘化等视角分析了青春期同伴关系的特点，给出了与同伴交往的策略，介绍了青春期友谊的特点和同性依恋现象，以及青少年异性同伴交往的心理状态和特点，还提供了青少年异性交往的教育对策。第四章危险性行为与防护，从性的认知及社会性角度引导青少年接纳并合理应对青春期产生的性欲和性冲动，从而获得与社会一致的性人格；从性骚扰的特点和具体表现引导青少年学会正确识别性骚扰并有效应对；从艾滋病病毒的传播途径与条件指导青少年通过自身行动有效预防艾滋病，提高青少年的性保护意识和能力。第五章家庭的任务，从家庭的意义、家长的责任和亲子沟通三个方面阐述了家庭对青少年的影响，让更多的人了解青少年时期家庭关系的变化及应对办法，引导青少年正确认识家庭的意义，正确处理与父母的关系，学习承担家庭的责任。

实践篇从五个方面介绍了本书主编及其带领的团队立足教育教学第一线，开展的一系列有关青春期心理健康教育的实践研究和相关活动。第六章课程的实证研究，通过青春期心理健康教育课程化研究、中职生性健康教育课程化的再研究等课题，开发了教材《中职生青春期心理健康自助手册》（以下简称《自助手册》）；探索了课程教学与个案辅导互通融合的实践形式；创建了集研究、教学、培训于一体，与校长、教师和学生三方联动的推广机制；发展了教学与自助相结合的心理教育方式。第七章课程的教学研究，运用《自助手册》多次组织教师对学情和教材进行分析，推敲教学过程和教学效果，确定16个活动主题的教学重难点；在反复的教学设计和实施中对教学过程达成一定程度的共识，借助案例分析、音视频材料、游戏体验等丰富多彩的形式，引领学生获取科学的青春期心理健康知识与实用技能。第八章课程的拓展活动，以"创造亲子和谐关系成长营"课外拓展活动为例，说明了课外拓展活动的目的、意义与团辅活动的具体实施与成效。对围绕《自助手册》连续举办的上海市五届中职学校青春期主题演讲活动，从形式、内容和意义三方面提炼规律，阐述了活动对青少年良性亲子互动、异性交往、身心健康成长等方面的积极作用。第九章典型案例与辅导，重点介绍中职生自我认同、情绪情感困惑以及家庭亲子关系三个典型辅导案例，从基本表现、心理成因分析、辅导策略几个方面为青春期学生的心理辅导提供借鉴和参考。第十章青春期与校园文化，从校园精神文化、活动文化、制度文化和物质文化四个方面介绍了青春期心理健康教育与校园文化融合的实践案例，为中职生在适龄阶段获得科学系统的青春期心理健康知识提供保障，一些学校为此所做的有益尝试取得了显著的成效，值得推广。

本书具有以下四个特点：一是专业性，理论篇从专业的角度介绍了青春期个体生理和心理发展的特点及相关应对措施，为青少年心理健康教育提供理论支撑。二是针对性，无论是理论篇还是实践篇，都围绕青少年身心发展特点展开，旨在帮助他们解决面临的心理困惑和烦恼。三是操作性，实践篇从课题研究、拓展活动、个案辅导、与校园文化融合等方面介绍了青春期心理健康教育的实施方法和途径，便于学习和实施。四是借鉴性，本书所涉及青春期内容是中职师生共同关注的话题，经过近十年的探索，形成了教材、教法、个案辅导、与校园文化融合等成果，可为相关教育工作者提供参考。

本书主编颜苏勤是中国职业技术教育学会理事、上海市心理学会理事兼任青春期与性心理教育工作委员会主任，长期从事青春期心理健康教育事业，荣获全国职教黄炎培杰出教师奖、上海市教书育人楷模（提名）奖等荣誉称号，研究成果曾获上海市教委教学成果一等奖、上海市教委优秀校本教材奖，主编的《中职生青春期心理健康（第二版）》，已被列入中等职业教育德育课课程改革国家规划新教材配套教学用书和中等职业学校思想政治选修课程教学用书，同时还编著了《团体心理辅导主题活动方案》《个案心理辅导实务与启示》等五本教材。本书编写人员及分工为：第一章，王娜；第二章、第八章，陈凤娟；第三章，温婷婷、钱海燕、钟平；第四章，刘晓蓉；第五章，徐梅；第六章、第七章，颜苏勤；第九章，陈晓莹、徐梅；第十章，汪清华。颜苏勤负责提纲指导与统稿。

在本书即将出版之际，感谢上海市教委德育处和高等教育出版社的大力支持，感谢上海市商业学校为引领多所中职学校的实践探索所做的贡献。衷心希望本书能为更多的教育工作者提供借鉴和指导，帮助更多的青少年顺利度过青春期，更好地成长。

编者

2023 年 3 月

目录 Contents

上篇　理论篇

第一章　自我同一性与自我悦纳 …… 002
第一节　青春期——从幼年走向成年的关键期 …… 003
第二节　青春期的自我同一性危机 …… 008
第三节　青春期的自我悦纳 …… 013

第二章　性别与自我发展 …… 019
第一节　性别与性别角色 …… 020
第二节　性别刻板印象与双性化 …… 026

第三章　同伴关系 …… 033
第一节　同伴关系相关研究 …… 034
第二节　同伴交往 …… 038
第三节　异性交往 …… 045

第四章　危险性行为与防护 …… 050
第一节　性的社会性 …… 051
第二节　拒绝性骚扰 …… 056
第三节　防艾与关艾 …… 063

第五章　家庭的任务 …… 069
第一节　家庭的意义 …… 070
第二节　家长的责任 …… 075
第三节　家庭的沟通 …… 082

下篇　实践篇

第六章　课程的实证研究 …… 088
第一节　青春期心理健康教育课程化研究 …… 089
第二节　青春期心理健康教育课程的实践 …… 097

第七章	课程的教学研究……… 104	第九章	典型案例与辅导………137
第一节	青春期心理健康教育课程重难点研究……………… 105	第一节	自我认同案例与辅导……… 138
第二节	青春期心理健康教育教学过程研究……………… 115	第二节	情绪情感困惑案例与辅导…… 146
		第三节	家庭亲子关系案例与辅导…… 153
第八章	课程的拓展活动………123	第十章	青春期与校园文化………161
第一节	课外拓展活动……… 124	第一节	校园精神文化……… 162
第二节	主题演讲活动……… 132	第二节	校园活动文化……… 165
		第三节	校园制度文化……… 170
		第四节	校园物质文化……… 174

上篇

理论篇

第一章　自我同一性与自我悦纳

　　青春期是人从幼年走向成年的关键期,是生长发育的最后阶段,更是决定人一生的体格、体质、智力水平和人格形成的关键时期。如何使青少年更科学地了解青春期生理与心理发展的规律,应对各种困扰,解决自我同一性与角色混乱的冲突,正确认识自己、评价自己、接受自己,并在此基础上使自我得到良好的发展,是青少年、家长和老师共同关注的话题。

　　本章从青春期的生理变化、心理变化入手,让学生能够科学地了解自己的生理、心理变化规律,并能够坦然应对;结合埃里克森的心理社会发展理论,阐述引起青春期自我同一性危机的原因,以及如何预防、干预同一性危机;以体像烦恼为例,在分析现状、危害、原因及应对方案的基础上,进一步阐述自我悦纳的三个层次,引导学生学会自我悦纳。

第一节 青春期——从幼年走向成年的关键期

青春期是人从幼稚走向成熟的关键时期，在这一时期，青少年的生理、心理发展突飞猛进。青春期是如何界定的？青春期会发生哪些生理和心理的变化？青春期的大脑发育有什么特点？为什么青春期是人从幼年走向成年的关键期？这些话题都需要我们从科学的视角进行解释。

一、青春期的界定

青春期，即青春发育期，是由儿童发育到成人的过渡期，它是生长发育的最后阶段，也是一个人的人格定型和确立价值观的关键时期。这个过程一般要经历 6~8 年，而发育起始的早晚受遗传、自然环境、经济和文化等多方面的影响。女孩一般较男孩早一两年进入青春期。我国青少年处于青春期的年龄一般是 10~18 岁。

二、青春期的生理变化

青春期是生理迅速发育的关键期，在这一时期，随着性腺的发育（女孩卵巢、男孩睾丸发育），机体所有器官和结构发生变化，并趋向成熟。

（一）第一性征和第二性征的变化

如何知道孩子开始青春期发育了呢？当发现孩子身高增加超过往年，即加速长高之后的一两年，青春期发育就开始了。青春期发育分别表现在第一性征和第二性征的变化上。第一性征是指出生时就具备的生殖系统和体表性器官，第二性征指青春期发育时，男孩和女孩差异的身体形态特征。

男孩，最早出现的是第一性征的变化，阴囊变为淡红色，阴茎开始变粗变长，标志着进入青春早期。之后的变化包括喉结、声音、胡须、阴毛、腋毛、身体形态（呈现倒三角：肩宽、骨盆较窄）等。当男孩首次出现遗精，标志着男孩性发育初步成熟，具备了生育能力，此时进入青春中期。在青春中期，第二性征继续发育，性冲动逐渐增强。经过 2 年左右时间，进入青春后期，生殖系统和第二性征的结构与功能接近成人水平。

女孩，最早出现的是第二性征的变化即乳房的发育，标志着进入青春早期。青春期女孩的变化包括乳房、声音、阴毛、腋毛、身体形态（呈现正三角：肩窄、骨盆较宽）等。当出现月经初潮即进入青春中期，标志女孩性发育初步成熟，具备了生育能力，其他第二性征进一步发育，性冲动逐渐加强。此间每次月经来潮时间、量都不太规律，经过约2年时间逐渐规律，进入青春后期。

（二）青春期大脑的发育

青春期的孩子就像这样一辆汽车：有引擎和方向盘，加装了火箭助推器，但没有保险杠，没有安全气囊。为什么会如此？我们了解了青春期大脑的发育，大概就会明白。

美国的保罗·麦克里恩提出的"三位一体"大脑理论认为，大脑由三个部位组成，分别是爬行脑、情绪脑和理性脑。

爬行脑，由小脑和脑干部组成。它控制着人类各种基本生理需要的满足，也是身体的安全保护机制，在人出生时基本发育完全。

情绪脑，由大脑中的边缘系统组成。它掌管着人类的情感、动机和愿望，是人类的情绪中心，从人出生开始发育，到青春期逐渐完善。

理性脑，是大脑皮层的最高级部位。它操控着高级的抽象逻辑思维，从个体学习说话开始发育，到9~11岁初步完成。等到女性24~25岁，男性30岁左右时，理性脑发育才基本完成。

由此可知，青少年的情绪脑基本发育完善，可以分辨各种情绪，能够敏锐地感知别人的情绪，并能快速做出情绪反应。但是直到24岁甚至30岁左右，理性脑发育成熟，人才能理智地控制自己的情绪。

由上可知，青少年容易暴躁、发脾气、情绪波动大，有其生理上的原因。在这个阶段，家长和老师需要帮助他们一边完善情绪脑，一边促进理性脑的发育。

三、青春期的心理变化

青春期是一个绚丽多彩而又充满困惑的时期，更是青少年认识自我、发现自我和探索自我的关键期。青春期的心理变化主要表现在以下四个方面。

（一）自我意识增强

所谓自我意识，是人对自己及自己与他人关系的一种认识。从结构形式看，自我意识表现为认知、情绪和意志等形式，对人的心理和行为活动起着重要的调节作用。自我意识的发展是青春期心理发展的显著标志。

自我认识与评价是自我意识的认知形式，主要表现在自我观察、自我感觉、自我分析、自我批评等方面，主要涉及"我是一个什么样的人""我为什么是这样的人"等。自我体验是自我意识的情绪形式，主要表现在自尊、自爱、责任感、义务感、优越感等方面，主要涉及"我是否满意自己""我是否悦纳自己"等。自我监督与调控是自我意识的意志形式，主要表现在自立、自主、自信、自强、自律等方面，主要涉及"我怎样节制自己""我如何成为理想的自己"等。自我意识的这三种表现形式联系起来，便成为自我。青春期是"自我觉醒"时期，被称为"人的第二次诞生"。

由于自我意识增强，青少年更加重视自己的外貌、身材，喜欢穿衣打扮，希望能够给他人留下一个好的印象。同时，很多青少年内心世界非常丰富，他们很在乎他人的评价。由于自尊心非常强，在接收到他人负面评价的时候，往往会出现一些不良情绪。也正因此，青少年在面对父母、老师的批评，或者同学的指责时，常常会感受到心理上的伤害。

（二）情感丰富，但不稳定

青少年虽然看起来像成年人，但对社会的认识还比较幼稚，与"成熟"相距甚远，他们在孩子眼里是大人，在大人眼里是孩子，"既不是大人也不是孩子，既是大人也是孩子"，处于半幼稚半成熟时期。

由于情绪脑基本发育完善，青少年情绪自控能力比孩提时有了较大的提高，学会掩饰、隐藏自己的真实情绪。同时，他们的自我意识增强，不愿再被动地听从父母、老师的教诲和安排，而是渴望用自己的眼睛看世界，用自己的标准衡量是非曲直。青少年会出现心理"闭锁"现象，有了更多的秘密，不愿与人敞开心扉，但又时常倍感孤独，让人难以捉摸。过去爱说爱笑的孩子，进入青春期可能会变得沉默寡言，他们会把自己关在房间里，很少和父母交谈，甚至拒绝父母的关爱。

由于理智脑尚未发育完善,青少年尚无法正确认识、对待理想与现实的矛盾,无法很好地调整自己的情绪,容易焦躁不安、感情冲动,遇事也常常不会三思而行。他们可能会顶撞父母、老师,甚至更极端。因而,青春期也被称为"疾风怒涛期""叛逆期"。在很多媒体报道中,我们也会看到有青少年因为一些事情,如被老师或家长批评、被人误会、失恋等挫折,一时想不开就采取自杀等极端应对方法。

(三)群体意识增强

每个人都需要能够与其交流、分享,对其提供支持的人际支持系统,青春期前,个体支持系统的核心是父母,父母是"权威",上学后,"权威"则来自老师。青春期开始后,个体开始质疑"权威",转而开始寻找新的支持系统,他们更需要同辈的支持,包括一般关系、友谊关系和亲密关系等。这一阶段的青少年愿意参加学校组织的各项活动,以此建立更广泛的关系,但由于他们判断友谊的是非标准还不够明确,自身的情绪调节能力也有所欠缺,所以会经常更换朋友。

(四)开始关注性问题

"情窦初开"是青春期的一大特点。此时期的青少年会出现性意识和性幻想,由此产生性欲望、性尝试。虽然这些都是自然规律,但依然受大脑活动的支配、调节,有本能成分但决不能完全归结为本能。心理学家将青春期性心理分为三段,分别为异性疏远期、异性接近期和两性恋爱期。

1. 异性疏远期

青春期的生理发育会让少男少女产生不安,女孩体验更早,对隆起的乳房、初潮的血迹,以及随之的身体变化等,会害羞甚至反感,所以常遮遮掩掩。绝大部分男孩在第一次遗精时也同样会困窘,很少能够应对自如。所以,青春期的个体对异性交往怀有矛盾心态,既有对异性的向往和关注,同时又不敢接近,害怕被人讥笑,表现为对异性的冷淡。因为对异性的疏远,同性友谊变得更为普遍和重要。与同性交往所积累的经验,为以后的异性交往奠定了基础。

2. 异性接近期

短暂的疏远期之后,男女生性意识进一步增强,同时渐渐适应生理发育的变化，开始了接近异性的阶段。这个阶段，个体开始在意自己的外貌、衣着打扮，喜欢在异性面前展示风采、能力，企图引起对方的关注。但这种对异性的关注和胡思乱想，一般是隐藏的，个体开始有了自己的秘密，不会轻易告诉别人。同时，个体对异性的好感往往没有固定的对象，会经常更换交往对象，有时还同时和几个异性保持良好的关系。男女同学一起学习、活动是健康性心理成长的必要条件，但对缺乏生活经验和自控能力的少男少女来说，过多、过密的接近容易引起性冲动或过早进入恋爱阶段，但过少、过疏的异性交往也会使个体性心理得不到正常发育。

3. 两性恋爱期

青春发育后期，个体的性意识逐渐集中到一个人身上，希望与对方单独约会，并比较确切地表达自己的情感。青春期少年男女彼此爱慕、彼此向往是性心理发展的正常表现，他们的交往大多不像成年人的恋爱那样复杂、深刻，是一种真挚、纯洁的情感，虽然有模仿成年人恋爱的行为举止，但也只是朦朦胧胧地对异性的依恋和向往。著名教育家苏霍姆林斯基反对把少年两性爱慕所具有的感情色彩看成心理意义上的恋爱，而认为其是一种纯粹生理意义上的原始需求。他说："男青年追求姑娘，姑娘追求男青年，是人的本能，它还不是人的真正爱情。"这个阶段要对少男少女进行爱情观教育，增进他们对自身和异性的了解，以此丰富他们的情感。少男少女对理想生活的向往，对爱情的追求是培养高尚人格的动力之一。

第二节　青春期的自我同一性危机

青少年时常思考自己是什么样的人，自己在别人眼中是什么样的人，人生应该怎样度过等问题。他们想自己做主，又不愿过多承担责任和义务，经常处于矛盾之中。在这一时期，青少年需要根据以往的经验，同时结合家长、学校、社会给予的支持与帮助，思考和确定自己是谁、具有怎样的独特性，从而使自己能适应社会，在未来的生活中扮演好相应的社会角色，也就是获得自我同一性。

一、自我同一性的概念

心理学家爱利克·埃里克森是精神分析自我心理学流派的代表人物，他将自我放在心理与社会的交互作用中，强调社会文化对自我塑造和发展的影响。他提出的心理社会发展理论，将人的发展分为八个阶段，覆盖了整个生命周期，这八个发展阶段既是独立的，又是连续的。他在阐述每个阶段的特定发展任务时，认为只有完成了该阶段的任务，个体才会顺利向下一个阶段过渡。在该理论之中，最有名的观点就是青春期的"自我同一性和角色混乱的冲突"。

埃里克森认为，自我同一性是"一种熟悉自身的感觉""一种知道自己将会怎样生活的感觉，一种不断增长的信念，一种个人在过去经历中形成的内在恒常性和持续性、可与他人心目中的自我恒常性和持续性相匹配的感觉"。他认为，自我同一性形成的过程就是人格形成的过程。自我同一性形成的标志，是具有了健康人格的品质：希望与乐观、自我控制与意志、生活指向与目的、能力、忠诚、爱、关心和智慧。

二、青春期的自我同一性危机及原因

同一性和角色混乱的冲突发生在12—20岁。青春期的个体一方面会受到生理发育的困扰，另一方面又会对将来成人角色的尚未确定而担忧，内心往往充满矛盾。仅仅依靠自己的力量，他们无法很好地应对，可能会因理想与现实的巨大落差而引发挫败感，比如因成绩差而出现厌学、逃学、夜不归宿、结交不良少年等行为。以下是导致青春期的个体出现自我同一性危机的几个原因。

（一）自我意识的矛盾

青春期自我意识的增强，使得青少年在自我认知上出现了新的矛盾，即现实自我和理想自我之间的矛盾。现实自我是指自己目前的状态，而理想自我是希望自己达到的境界，两者是有距离的。如果二者达不到和谐的状态，容易使青少年产生自我夸大或者过于自卑两种情绪。其中的原因可能是没有目标，自我同一性长期处在扩散状态；可能是好高骛远，目标太高无法实现从而产生挫败感；可能是自己的理想不符合社会规范，无法适应社会而产生失落感。

（二）父母教养方式不当

如果父母能让青春期的孩子自主探索，他们大多能正确地选择适应社会环境的角色，完成自我同一性。若父母教养方式不当，忽视孩子自身真实的想法和感受，将自己的愿望强加到孩子的身上，使孩子逃避或推迟对自我的探索，就会导致自我同一性扩散。就算孩子愿意将父母的期望和要求确定为自我的选择，也会导致自我同一性早闭。青少年不能自主决定自己成为什么样的人，就会面临角色混乱，无力承受父母或社会标准所强加的角色，感到不知所措，因此会以各种方式摆脱或者回避现状：逃学、夜不归宿、早恋等。

（三）片面的教育理念

如果青少年所处环境片面追求升学率，无限延长学习时间，增强学习强度，就会大大减少青少年进行自我探索的机会，影响自我同一性的形成与发展。若成绩不理想，会使他们在班集体中找不到归属感和快乐，结果很容易产生消极的自我认知。但他们仍需要同伴的支持，极有可能在社会中结交不良同伴，在某种程度上引发和增加问题行为的产生。

三、自我同一性危机的预防与干预

青春期阶段的重要任务是建立自我同一性，形成积极的人格品质。

（一）促进青少年自我意识的发展

1. 通过认知、情绪、意志三个维度促进自我意识的发展

首先，自我认识与评价是培养自我意识的前提，人只有自知才能自明。青春期个体的自我认识具有内隐特征，所以在自我意识培养的辅导中，要通过测评或者创设一定的安全氛围帮助青少年表达，比如通过艺术疗法、故事讲述等方法，让他们更明确自己的自我意识水平；帮助他们了解心理学基础知识，如性格虽然有内外向之分，但没有好坏之别，每个人都是独一无二的，等等。家长、教师对青少年应多给予正面、有针对性的评价，让他们能够悦纳自己；应注重引导青少年进行合理归因，如引导他们将学业成功归因为努力与能力，将学业失败归因为努力不够，减少因学业失败而产生的挫败感；还可以给青少年树立积极向上的学习榜样，帮助他们树立正确的评价观，促进良好自我意识的形成。

其次，自我体验是培养自我意识的动力，只有具备主观能动性才是真正的成长。教师要设计与组织丰富多彩、富有趣味的集体活动，让每个学生都参与，通过同伴互动、教师引导，促进青少年的自我体验与自我发挥。如开展心理剧创作与表演，帮助青少年在演出中体验自己的思想、情绪、梦境及人际关系，伴随剧情的发展，在安全的氛围中，让他们探索、释放、觉察和分享内在自我；或开展辩论赛，让学生在彼此的思维碰撞中，表达自己的观点；或举办艺术节，为学生提供展示自我才艺的舞台，促进其积极的自我体验。

最后，自我监督与调控是自我意识发展的保障，也是自我意识发展的难点。自我监督与调控是在意识到自我行为结果后的调控，是意志力的体现。如教师在了解学生学业成绩的前提下，帮助学生制定短期和长期学习目标，并监督其执行，不断提高学生的自我监督与调控能力；家长与孩子可以一起制定日程安排——学习计划、运动健身、游戏娱乐等，并在实施过程中进行适当调整；家长在生活中要以身作则，给孩子树立良好自律榜样，促进孩子的自我监督与调控。

2. 抓住自我意识发展的关键期

有研究表明，1—3岁和大约初中二年级年龄阶段（12岁左右）的个体

会出现自我意识发展的转折点，家长和教师都要清楚自我意识发展的关键期，叛逆是此阶段最典型的行为表现。教师要关注学生的心理发展状况，让他们知道其在此阶段普遍面临的心理问题，理解行为和个性之间的关系，帮助他们发展健康的自我意识。家长在家庭教育中，要努力做到尊重孩子、和孩子平等交流、懂得倾听孩子的心声，当孩子表达自己意见的时候，不要轻易否定。即使彼此有分歧，也不要靠强制手段要求孩子接受家长的观点，要就事论事，注重保护孩子的自尊心和自信心，鼓励孩子把内心的想法表达出来。当孩子内心有了安全感，他们才会敞开心扉，才愿意接受父母的意见和建议。如果父母太强势，孩子的观点得不到表达或者总是被否定，孩子就会放弃沟通，本能地进行自我保护。总之，青春期的自我意识养成是一个持续过程，需要家长和老师的共同参与。

（二）重视青少年的主体地位，培养其责任意识

学生是学习的主体，是学习的发现者和探究者，教育的目的是帮助学生成为自我教育者，养成终身学习的习惯，实现个体的可持续发展。对新知识的好奇和渴望是人的本能，但如果片面追求分数，会使一些学生在学习过程中严重受挫，加之一些教师、家长针对成绩的一些奖惩方式，使得一些学生产生厌学、逃学等情况。学生会觉得学习的目的就是考高分，是一种被迫的学习，是在不断地完成教师和家长布置的任务，并不是自己应该承担的责任，也不会把学习与未来的人生发展联系在一起。

有些父母只关注孩子的学习，生活大包大揽，剥夺了孩子培养生活自理能力的机会，造成他们不懂得承担相应的家庭责任。有些家长会干涉孩子的交友，随意指责孩子的朋友，这一方面可能使孩子过于依赖父母，缺乏最基本的判断能力，导致无法与他人建立和谐的人际关系，另一方面也可能使得孩子更加叛逆，走极端，甚至仅仅为了对抗父母而结交一些不良朋友。所以教师与家长要注重培养青春期孩子的责任意识。

（三）开展心理辅导

学校可通过建立心理档案、问卷调查、日常观察等方法，了解学生的心理健康状况，对普遍存在的同一性问题进行团体心理辅导，对个别同一性问题进行个别心理辅导，帮助学生解决抑郁、焦虑、人际交往、学业等方面的

困扰。学校也可开展心理主题活动月，普及心理常识，鼓励学生自己提供创意，组织各项活动，在活动中实现个人成长。

（四）创造良好的社会环境

良好的社会环境对青春期自我同一性的形成有着重要的意义。积极向上的主流文化，能够给青少年良好的自我发展空间；民主的环境与包容的氛围，给他们自主选择的可能性；社会正能量的榜样示范，带给他们持续努力的力量。

青春期自我同一性的建立，对于人的一生来说非常重要。顺利确立积极的同一性，对青少年未来人生价值的选择和理想信念的树立具有积极的意义。如果同一性形成受阻，就会导致青少年无法正确地认识自我，不能确定自己在社会中的角色，找不到未来的方向，自我实现也就无从谈起。因而，青春期自我同一性的确立是青少年身心健康成长，适应社会和实现自我价值的重要保证。

第三节 青春期的自我悦纳

自我认识与评价是自我意识的核心部分，在此基础上会形成不同的自我体验，即对自己满意或者不满意。本节介绍青春期体像烦恼的现状及应对策略，以及学会悦纳自我的方法。

一、自我悦纳的含义

自我悦纳是指个体能正确认识自己、评价自己、接受自己，并在此基础上使自我得到良好的发展。自我悦纳不仅指接纳自己人格中的优点与长处，更要接受自己的缺点与不足。在接受不足的基础上，努力改进自己、完善自己，而不是妄自菲薄、失去信心。

青少年若能自我悦纳，就能够主动接近别人，让别人有更多的机会看到自己真实的一面，从而更好地认识自己。青少年若不能自我悦纳，则会感到自卑而不让别人靠近，还有可能出现消极的行为方式，比如逃学、沉溺网络等。

二、青春期的体像烦恼及应对策略

（一）体像烦恼概述

体像是指个体对自身躯体的自我认知，是个体对他人眼中的自己的外貌、身体外形的一种想象，以及他人如何看待自己身体功能的意象。它包括自己对自己身体的想象和对他人眼中自己身体的想象。

体像烦恼是一种由个体自我审美观或审美能力的偏差，导致对自我体像失望而引起的心理烦恼，这里的体像是个体对身体的主观感受。其主要表现为：过分关注自己的体像，有着强烈改变自身某方面体像的欲望，同时伴随着一些消极情绪。一般而言，青春期的体像烦恼包括四类：形体烦恼、容貌烦恼、性别烦恼、生殖器官烦恼。

（二）体像烦恼的危害

体像烦恼是一种不正常的体像心理，它会对个体的心理和行为，如自尊、交往、情绪、学习积极性等产生不同程度的影响。爱美之心人皆有之，青春期的个体追求完美，好胜心和自尊心极强，对自己体像的不满意会严重影响其自尊。青少年非常在意他人的评价，他们会过多地关注自己的外貌、衣着、打扮，花费大量的时间、精力减肥，从而导致学习成绩下降，进而失去对学习的积极性。体像烦恼者觉得他人会在意甚至嘲笑自己，他们非常自卑，在人际交往中也会表现焦虑和不安，情绪波动强烈，自我调整能力欠缺，加上繁重的学业压力、各种成长的困惑，体像烦恼可能成为压倒他们的最后一根稻草，甚至会让其濒临崩溃。

（三）体像烦恼的影响因素

1. 生理的快速变化

正值青春期的青少年生理发展迅速，外形和功能开始接近成年人。与生理快速发育形成鲜明对比的是心理发育相对迟缓，加上对青春期知识的欠缺，青少年难免会出现恐惧和不安的情绪，若不及时疏导，将会带来体像烦恼。

2. 自我意识的增强

青春期是自我意识发展的第二个飞跃期，青少年对自己的关注首先表现在关注身体形象。他们对自己的体像有着过高的期望，但现实的自己与理想总会有差异，从而出现认为自我丑陋或者过分夸大自我缺陷的错误观点，最终产生体像烦恼。同时，他们会特别在意别人对自己的评价，当他人对自己肯定和赞赏时，内心会产生强烈的满足感，在受到批评时，则会感受到烦恼和焦虑。

3. 社会文化环境的影响

很多媒体及影视作品对减肥和骨感美极力宣扬、过分渲染，这些身体审美信息通过网络媒体对青少年施加影响，使得他们对自我体像的关注不断增加，加上他们认知水平有限，对信息的判断能力较弱，容易受到外部因素的影响，无法正确接纳自己，从而诱发体像烦恼。

（四）体像烦恼的积极应对

1. 了解青春期的相关知识

正值青春期的青少年可以通过正确、科学的渠道了解青春期的生理发育特点和心理发展规律，为迎接青春期的种种变化和可能的烦恼做好准备。当遇到烦恼时，可及时跟同伴交流分享，缓解焦虑；同时要积极寻求信任的人的帮助，如父母和老师；另外，也可以向专业的心理咨询师咨询。

2. 理性对待自己的长相

首先，青少年要明白关注自己的长相是一种非常正常的心理现象，不必为此产生心理负担，但要注意不能将全部的精力放在上面，还有更多有意义的事情去做。

怎样的外貌算丑，怎样的外貌是美，自古以来没有明确的论断。一般而言，身体、长相是天生的，不由自己决定。与其因长相愁眉不展，不如顺其自然，坦然接受。青少年若能坦然接受自己的长相，更有助于展现生机勃勃的青春美。社会对一个人的评价，主要是基于思想品质、精神面貌、言行举止、专业能力等综合素质，而非只是外貌。若要让自己成为"美人"，不应过分追求长相上的外在美，而应追求心灵的内在美。

3. 树立正确的审美意识

爱美乃是人的天性，青少年关注自身的形象，有时会希望通过打扮引起别人的注意，尤其是异性的注意。适当打扮不仅带给别人审美的喜悦，还能使自己保持自信开朗的心情。如何认识美、展示美、追求美是青少年应该学习的。

首先，要崇尚自然美。牡丹有牡丹的高贵，柳树有柳树的挺拔，小草有小草的生机。"清水出芙蓉，天然去雕饰"，自然就是美。父母给予我们与众不同的生命本身就是神奇与美丽的。

其次，要珍惜青春美。青春本来就是一段如花的岁月，朴素大方就是属于青春期独有的健康向上的宝贵品质。在运动场上，青春的身影像离弦的箭，那是一种青春的力量与拼搏之美；在教室里，青春的身影在埋头苦读，那是一种青春的自律与专注之美。

最后，要注意心灵美、内在美。在青春美好的岁月里，只有认真学习，掌握更多的本领，提高各方面的素质，拥有健康的心理品质，如乐观的生活态度、良好的自制力、敢于表达、善良、真诚、友爱等，才能无愧于青春，这才是永恒的美。

三、学会自我悦纳

自我悦纳有三个层次：第一层次是感知现状，客观地进行自我评价。人有自知才能自明，了解自己的优缺点，包括外貌、性格、情绪等方面，敢于承认自己的不足，能恰当评价自己的人，往往会更好地感知并体验自我存在的价值。第二层次是无条件地接纳自己。人只有接纳了自己，才能更容易接受外部环境的人、事、物。第三层次是纯粹地热爱生命，自我肯定。拥有了高水平的满意度和满足感，能够有效缓解心理冲突。

青少年学会悦纳自我，要做到以下几点。

（一）客观评价自己

"以人为镜"是人们获得自我评价的主要途径，尤其是青少年，他们更愿意参照父母、好友、同学对自己的评价来评估自己。但是，每个人的评价都难免会受他们自己的个性、生活阅历、认知水平以及与青少年关系的亲疏影响。当参照的评价有失客观时，青少年对自己的评价也会歪曲。另外，青少年对自己的评价还会受到社会文化环境的影响，当整个社会文化表现为以瘦为美时，青少年很容易因为自己的身材不够瘦而觉得不完美。

青少年在评价自己时，要学会辨析，既要参照外界又不要完全被外界左右，要回归自己的内心，回归客观，看清自己的优势和不足，既不否定优势，也不讳言缺陷。正确地评价自己，才能找准自己人生的坐标。

（二）欣然接受真实的、不完美的自己

人是多维的整体，每个人都是独一无二的个体。世界上并不存在完美的人，只是很多时候，社会会塑造一些成功的形象，如绝世美人、商界精英或某领域专家等，青少年极易被他们优秀的特质所吸引，将他们的优秀与自己的平凡相比较，容易产生悲观、自怜、失望的情绪。但当把这些人物放大，从多角度去评价时，会发现其实每个人都不完美。不完美是人生的本质，青少年要欣然接纳不完美的自己，勇敢地接纳自己的缺点、不足或者缺陷。要

知道即使我们不完美，依然会有人爱我们，当然也有人不喜欢我们，这是他们的权利，就如同我们有喜欢的人也有讨厌的人一样。

（三）学会正向思维，练习更爱自己

不同的思维模式影响着青少年对待生活的态度，正向思维能够让青少年拥有积极的情绪状态，可以坦然地告诉自己：我就是不完美，但我喜欢这样不完美的自己。

青少年可以每天想一个自己的优点和长处，并发扬这些优点和长处。如每天睡觉前，回想自己一天做得很棒的事情，或者找一个优点。这种正向思维有助于带来新的发现，增强信心。

（四）取得成功时，尽情体验快乐

青少年取得成功时，不要压抑自己，要将自己的喜悦挂在脸上，好好奖励自己。找到信任的人，与之分享，自己的快乐会感染到他们，他们也会感到开心。这种开心会成为新的动力与激情，从而激励自己取得更多的成功。

参考文献

[1] 朱业标，徐中收. "三脑一体"大脑理论对中小学校愉快教育的启示[J]. 中小学心理健康教育，2018（14）：63-64.

[2] 牛海群，郭本禹. 埃里克森对自我心理学的贡献[J]. 南京晓庄学院学报，2021，37（02）：70-74.

[3] 颜苏勤，杨欢. 不再为体像烦恼[J]. 成才与就业，2018（11）：60-61.

[4] 过晔. 浅析青春期的心理特征[J]. 才智，2016（31）：224-225.

[5] 张玫玫. 青春期，幼年走向成年的关键期[J]. 青春期健康，2021（02）：8-11.

[6] 吴玉荣. 学生自我意识发展中的教育意蕴[J]. 教育观察，2021，10（23）：36-38.

[7] 徐卫青. 青春期的自我同一性危机与预防[J]. 长江丛刊，2020（10）：121，123.

[8]乐贵珍,左霞云,涂晓雯,等.青少年自我悦纳情况及影响因素分析[J].中国学校卫生,2019,40(07):1031-1035.

[9]周丽华,骆伯巍,彭文波,等.初探青少年学生体像烦恼与社交问题[J].中国健康心理学杂志,2005(01):64-65,24.

第二章　性别与自我发展

　　从心理学研究来看，性别包含了生理性别和社会性别，具有心理和社会文化这两方面的内涵。在青少年的生活中，性别的发展在自我认同和社会关系方面占据了重要地位。青春期的性成熟和思想上的独立为性别增加了新的含义，虽然青少年在儿童期就有了性别意识，但是对于性别角色的思考是青春期的个体特别关注的一个方面。本章介绍了生理性别、社会性别、性别角色、性别刻板印象等概念与相关研究，提出对性别角色培养和双性化教育的一些思考，探讨了青少年典型的性别发展模式并提出建议。

第一节　性别与性别角色

青春期强化了青少年与性相关的性别态度和行为，当身体里的荷尔蒙发挥作用，女孩和男孩开始表现得更符合自己的性别特征，在与异性接触过程中，性别特征和性别化行为的高度结合将进一步对男女两性的行为产生作用。研究发现，性别认同对青春期学生的日常言行举止有一定的影响。如果在重男轻女或自我性别意识认知很低的情况下，一些学生会出现性别角色认同的混乱。有些学生会厌恶自己的性别，在生活中模仿异性的性别行为方式，甚至自怨自艾，出现心理不健康的情况；有些学生则对自身性别评价偏低，从而不能发挥自身性别优势，阻碍其成长与发展。

一、生理性别与社会性别

当讨论"性别"一词时，人们常常联想到填写个人信息表中的重要一栏"性别"，对此我们填写起来非常容易，因为"男"或"女"这样的基本信息是与生俱来的，是我们生物属性的性别，即生理性别。生理性别即自然状态的性别，是由性染色体决定的，主要表现为男女生理结构的差异。而社会性别则指在生理性别的基础上，个体在社会、心理、文化的熏陶和影响下形成的性别特征。

（一）生理性别

生理性别是人类与生俱来的性特征，这个性别是由荷尔蒙、染色体、生殖器等确定的身体性别属性，不因人的种族、地域、民族或者国籍而有所差异。从基因角度分析，生理性别是由第 23 对染色体（即性染色体）决定，这对染色体中一条来自母亲，称为 X 染色体；另一条则来自父亲，这条染色体可能是 X 染色体，也可能是 Y 染色体。X 染色体中所含的基因可以控制卵巢发育，产生雌性激素，激发女性外部性器官的发育；与之对应的 Y 染色体中所含的基因可以控制睾丸发育，产生雄性激素，激发男性外部性器官的发育；染色体的差异使得胎儿在出生前的第四至五个月间，在雄性激素和雌性激素的不同作用下，形成男女生理上的差异。

（二）社会性别

社会性别相对于生理性别而言是后天形成的，它是社会关系、政治、经济和文化等因素相互作用的结果，因此，社会性别是一个动态变化的概念。与生理性别相比，社会性别要复杂得多，不能等同于男人和女人之间的生理差异，它是在不同文化中通过教、学、模仿、强化等过程被建构出来的。社会性别在长期以来的文化熏陶、文化规范下产生，文化不同，社会对男女两性的期待和要求也不同，所以社会性别具有不同社会文化的特征。

男女之间的差异是一个社会化的过程，社会性别的规训从婴儿第一声啼哭、确认生理性别后就开始了，社会秩序通过对人的社会性别规范和社会期待两方面，把每个人都放在相应的性别位置上。

（三）关于性别的相关研究

性别是个体在社会认同上最基本、最稳定的因素之一。心理学家对性别的思考是渐进的过程，成果不断丰富，理论体系不断完善。

1. 进化心理学家的性别研究

进化心理学家认为，人类进化中的适应需求是导致两性之间产生心理差异的原因，在人类进化的过程中，两性因为繁衍而扮演了不同的角色，所以在最原始的环境里，两性所面对的压力是不同的。男性要提升传递自己基因的可能性，就需要采取短期交配策略，或者通过竞争获胜，来获取更多资源以接近女性；与此对应，女性更倾向于寻找可靠、有保障的资源来提升养育后代的可能性，于是那些愿意供养家庭的长期配偶获得了女性的青睐。因此，进化心理学家认为，男性在进化中优先发展了暴力、竞争和冒险能力，男性要坚强和具有攻击性，这样更有利于后代的繁衍；女性在进化过程中优先发展了选择成功、有野心、能够提供资源的男性的倾向。

批评进化心理学观点的人认为，这些假设都是基于推测，没有实际证据，而且人们的行为选择并不完全受限于进化形成的适应性行为，进化心理学关于性别研究的观点对文化和个体差异因素考量较少，不能很好地诠释性别的全貌。

2. 精神分析心理学家的性别研究

精神分析学派创始人、奥地利心理学家弗洛伊德在20世纪开创的精神分析对两性气质做了全面的阐述，产生巨大影响。在弗洛伊德的基本假设中，人类的行为直接与繁衍相关，性别和性行为是本能，而不是习得的。他强调文化对男性气质的作用，认为男性气质从不是单纯的状态，男人性格中永远会有女性气质。弗洛伊德持有男主动、女被动的看法，认为女性羞耻心是由于生理结构的"缺陷"引起的。

法国哲学家伏波娃对此提出了不同观点，她认为弗洛伊德所认为的"女性注定在超我上不如男性，人格不健全"的说法是完全没有事实依据的。法国心理学家拉康从语言学视角重新解释弗洛伊德的学说，他关注语言的作用和语言的象征性，他认为人们早在认识到性别差异之前，男性气质和女性气质就通过语言和潜意识使人们了解了性别文化的象征含义，并强加在婴儿内心。

美国心理学家埃里克森认为，生殖器结构造成了男性更具侵入性和攻击性，女性更具有包含性和被动性。但是在后期，埃里克森改变了观点，认为女性可以超越生理遗传的限制，社会对男性侵入性特点的过分强调并不可取。

3. 认知心理学家的性别研究

性别的社会认知理论强调，儿童与青少年的性别发展主要源于他们对他人的观察和模仿，在家庭、学校、社区和媒体环境中，他们的性别化行为会收到社会环境奖惩结果的反馈，青少年通过观察和模仿大量与性别相关的行为，强化了自身对性别的认知，从而在引导下表现出与自身性别对应的性别特征，女孩表现得更像女孩子（如表扬女孩子穿花裙子真漂亮），男孩表现得更像男子汉（如表扬男孩子在挫折面前不掉眼泪的样子）。社会认知理论还认为，在家庭中如果有兄弟姐妹，则家中较小的孩子在性别角色的塑造和娱乐项目的选择上，会模仿他们的哥哥或姐姐。

另外，青少年的大部分时间会与同伴共同度过，同伴的性别态度和行为对其性别角色塑造具有强有力的影响，青少年甚至会因为与性别相关的品质接受或者拒绝他人，如一起剪短发、穿男性服装的女孩子们更容易成为闺蜜，性格安静、害羞的男生也会形成好哥们的团体，这种同伴交往会帮助青少年完成其性别社会化。学校教育对男女性别角色的形成也存在一定的影响力，如班级推崇遵守纪律、干净整洁的氛围，这些行为更偏向女孩的特质，那些调皮捣蛋、富于冒险精神的男生在这样的环境里往往会受到约束和影响。总之，认知因素影响了青少年作为男性或女性的思考和行为。

对性别的社会认知理论观念的批评，主要集中在它很少关注青少年自己的想法、观点或者见解，如果性别发展是一个被动过程，会抹杀青少年性别意识形成的主动性。

性别的认知发展理论和性别图式理论，则强调了个体主动建构性别世界的过程。性别的认知发展理论提出者科尔伯格认为，性别发展取决于认知。随着个体认识和归类能力的发展，性别概念也趋向稳定。当认识到性别是恒定的，个体便开始选择同性别的榜样进行模仿；青少年时期，个体则开始对性别角色做出选择，青少年开始重新审视和定义各自的性别态度和与之对应的行为。与之不同的是，性别图式理论认为，性别类型化从儿童时期就开始了，他们依照社会认同的性别对应行为，收集符合文化规范的性别适合行为，影响自身的知觉世界和记忆的性别图式，并受其驱动，做出符合这些图式的行为。在生活事件中，性别图式的无意识的影响，让人们的行为和思考不自觉地从性别的角度进行选择。

二、性别角色

性别角色是一个特定社会里被认为恰当的男女两性的行为模式，这些模式呈现最根本的男女两性的差异。性别角色一词含有性别的社会属性，以文化为基础、以符号为特征来表达性别行为。人类社会是由男女两性共同组成的社会，个体必须学习如何适当地扮演自己的性别角色，否则就不能在社会上有良好的适应性。文化塑造了被人认为是男性和女性特征的许多成分，不同的文化里，性别角色和日常活动的联系程度不同，对跨性别行为的容忍程度也不同。

（一）性别角色的概念

性别角色，通常是指个体在社会化过程中通过模仿和学习获得的一整套与自己性别相应的群体性特征和行为方式。通俗地说，性别角色是因人性别不同而形成的有差异的心理特点或行为模式，男性或女性在神态、举止等多方面具有不同的特点。社会文化对个体性别角色的行为有较大的影响，在不同的社会环境中，对男性和女性扮演的角色、发挥的作用怀有不同的期待。

（二）性别角色的模式

男女性别角色差异经过几千年的发展，逐步演化成一种文化标志，除了服饰穿戴的区别，还主要体现在性格特征和行为模式的差异。但在区分了生理性别和社会性别之后，我们可以发现，性别类型具有局限性，一个人的生理性别与社会性别往往具有一致性，但是也不完全相同。

1. 男性化-女性化模式

对性别角色的研究主要有两类观点。一类注重个体的人格特质，指出性别角色是社会期待的适合男性和女性的性格、态度、行为和价值观。还有一类则更关注社会性和社会文化的作用，认为性别角色要符合特定历史或文化情境中对两性分工的规范性期待，要符合社会互动中与性别相关的规则。

性别角色的早期研究主要建立在两种假设基础之上。第一种，假设性别角色是单一维度的男性和女性两极，男性化特质和女性化特质被认为是二元对立的，个体越趋于某一极，就会更少地趋于另一极；第二种，假定拥有男性化特质的男性和拥有女性化特质的女性具有更高的心理健康水平，相应的，如果男性拥有过多的女性化特质或者女性拥有过多的男性化特质，那么都可能被认为存在心理问题和适应问题。1936年，有学者曾提出男性化和女性化这一组相对立的人格特征词，以此描绘社会中男女所拥有的相对稳定的行为倾向性，性别角色测量问卷也出现了男性化-女性化量表。

2. 双性化模式

1964年，"双性化"这一概念由心理学家罗西首次正式提出，即个体同时具有传统意义上的男性和女性应该具有的人格特质，并认为双性化是最合适的性别角色模式。1974年，心理学家贝姆以罗西提出的双性化概念和社会期待的性别特征为基础，编制了第一个测量双性化的量表——贝姆性别角色量表，也称为"双性化测验"。她对男女两性拥有某种特征的可能性进行研究，把性别角色按照男性化、女性化、双性化和未分化四类进行了划分。她指出，男性化特质和女性化特质并非单一维度上的两极，许多个体是双性化的，他们既具有男性化特质也具有女性化特质；与其他类型的性别角色个体相比，双性化个体具有更好的灵活性与适应性。贝姆的研究早期遵循平衡模型，认为性别高度分化者易内化社会标准，并在表现与性别相适宜的行为时，排斥另一种性别的行为，而双性化者则能根据客观需要，灵活地进行自我调节，并不一味表现出社会赞许行为。因此，贝姆认为双性化是理想的性别角色。此后，双性化量表的编制及其相关研究大量涌现，性别角色的研究进入双性化时代。

（三）性别平等观念下对性别角色的思考

性别角色的改变同时受到时间和文化的影响，不同的国家对传统性别角色的态度不同，尽管目前性别角色仍然存在不平等，但是全球大多数人还是期待男女更加平等。在一项调查中，44个国家中的41个国家的大部分人支持了这项生活方式——夫妇共同工作、共同照顾孩子的生活方式。

正如英国作家弗吉尼亚·伍尔芙所认为的那样，在我们每个人体内都有两种力量，分别是男性的力量和女性的力量，这种力量支撑着我们的人生，一生中最好的状态就是把这两种力量完美地结合在一起，和谐地生活着。

第二节 性别刻板印象与双性化

男人高大威猛，女人体态轻盈；男人强壮，女人柔弱；男人直爽，女人细心；男人粗犷，女人文静；男人容易冲动，女人善于克制；男人勇敢，女人温和；男人坚强，女人脆弱……这些对男性特质和女性特质的不同描述在当代社会面对越来越多的质疑和挑战。20世纪70年代开始，人们对男性化和女性化展开了探索，不再把男性化和女性化特质看成对立的两极，而是认为个体可以同时表现出表达性特质和工具性特质，这个观点引出了"双性化"的概念，即在同一个人身上可以兼具高男性化和高女性化特质。

一、性别刻板印象

传统的性别刻板印象往往用对立的人格特质来区分男性特质和女性特质，认为传统意义上的男性特质可以帮助男人在社会拼搏中获胜，而女性特质则适合营造温暖的家庭，并得到男性的照顾。性别刻板印象也体现在男女对职业和个人未来规划的差异上。

（一）性别刻板印象的概念

性别角色这一概念的基本内涵对男性和女性的行为、对待事物基本的态度、情感的表达等进行了划分，并规定了一定的模式。划分性别角色的同时伴随着性别刻板印象的产生。性别刻板印象是一种比较宽泛的说法，它反映了对男性和女性的普遍印象和看法，会影响人们的行为方式，导致个体依据自己的性别观念行事，最后可能变成自我实现的预言，即让最初对性别的期待变成现实。

（二）性别刻板印象的作用与影响

所有的刻板印象都代表了社会群体中典型成员的普遍特征。这样的概括，简化了认知过程，节省了大量时间、精力，使人们能够迅速了解某人的大概情况，有利于人们应对复杂多变的世界。也就是说，刻板印象有其积极的一面。然而，性别刻板印象的标签一旦形成，特别是对某种性别角色不断地强化和巩固，就会造成僵化认识，甚至会限制个体的自由发展。

青春期是人生的重要发展期，随着青少年对自我同一性的探索，他们会对性别角色做出选择，对生命的重新审视也会影响他们的性别态度和行为，而性别刻板印象可能限制青少年的自我发展。

（三）性别刻板印象的突破与思考

对个体而言，性别刻板印象标签有重大意义，一旦一个男性被贴上"女性化"标签或是一个女性被贴上"男性化"标签，他们的社会地位和在群体中被接受的程度可能会受到影响。我们要承认性别刻板印象的客观存在，也要看到性别刻板印象在不断地被突破。

某些性别刻板印象经常起到负面的作用，严重时还会产生偏见和歧视。比如，有人说女性不能成为出色的律师，男性不能胜任幼儿园老师，这样的观念很容易被人们接纳，因为社会中有很多的例子支持这样的观点，但如果认真审视，会发现这些都属于性别刻板印象。又比如，如果不去区分某些的性别角色划分带来的不合理观念，就容易区别对待男性和女性，甚至接纳"女性不如男性有能力"这种错误的观点。在当今社会，男女两性要谨慎地对待性别角色划分，可以接纳性别角色，但不要让性别角色成为自我发展的障碍，既要看到两性的差异，更要关注两性的联系，吸取不同性别角色中的优势，为自我发展创造良好条件。青少年要突破性别刻板印象的限制，才能更好地为社会的发展贡献力量，完成自我发展的任务。

要突破性别刻板印象，还要正确认识性别在职业选择中的作用。比如在护士、幼儿园教师这样的岗位上，女性有独特的性别优势——耐心、细致、富有同理心，但是男性也拥有一些性别优势——速度、力量、富有理性。如果在岗位上发挥各自性别优势，男女都可以成为岗位上优秀的一员。接纳自己的性别，转换思维模式，不停留在自身性别的弱势，这样才能发挥性别优势，成就自我。

（四）青少年性别角色培养

我们可以发现，在以往的性别角色中，单纯的男性化特质的表征是刚毅、勇猛、强势、独立、攻击性等，缺乏了温和、细腻、内敛、谦虚这类带有女性特质的表征，单纯的女性化特质也是如此。在崇尚自由、宽容和强调个人全面发展的时代背景下，单纯的男性化和女性化特质不符合我们所倡导的全面发展培养目标。因此，青少年在完成自我性别同一性时，要注重自我的性别角色发展，可以学习、吸收和借鉴男性特质和女性特质的优点，进而培养更完善的人格，突破性别刻板印象的影响，成为更好的自己。

突破性别刻板印象的影响，对青少年进行性别角色培养，可以从家庭教育、学校教育、社会和大众媒体多个层面去实施。

1. 家庭教育

在家庭教育中，家长要有意识地发挥各自在孩子性别角色教育中的不同作用，致力于创建男女平等的家庭观念。在家庭生活中展现性别角色形象时，要尽量避免典型男性化和典型女性化倾向，如父亲在家颐指气使，不尊重女性，不从事家务；母亲缺乏独立性，把养家赚钱视为男人的责任，这些都会对青少年造成影响。在青少年时期，女孩被家长允许更加独立、男孩被家长支持更多地表达情绪等行为，有利于突破性别刻板印象。

男女平等的家庭性别角色教育，有利于孩子把从家长身上学到的优秀品质综合起来，为塑造自身的性别角色模式打下基础。

2. 学校教育

从学校方面来看，在教育观念上，教师要意识到自身的性别角色观念，认识到学校的性别教育偏差，避免在教育上实施不良的性别角色教育模式。教师要注意发挥双性化性别教育模式的优势，对于青少年性别角色发展持有双性化的期望。教师在安排教育活动时，要朝着有利于促进学生发展、适应社会的积极方向，而不是局限于自身性别的发展方向。在教育材料的选择上，要避免使用那些传递性别角色刻板印象的教育材料。

3. 社会和大众媒体

社会和大众媒体所传递的关于性别角色的信息，对青少年的性别发展有着重要影响。在某些媒体的表达中，男性更多地被描绘成富于攻击性、主导性、主动性，而女性则被描绘成被动形象，这些都会导致处于性别角色敏感期的青少年形成性别刻板印象。也有很多的青少年因为社会、媒体所引导的自我身体意象而更关注身材、容貌，进而出现一些体像烦恼。对此，大众媒体的从业人员更要强化自己的责任意识，明确其对青少年性别角色教育的引导作用，传播性别角色时要避免带有性别刻板印象的信息。

二、双性化

双性化特质的内涵可以从以下两种视角去理解。发展心理学的研究表明，双性化是指两性由生理构造差异形成的心理特征的兼具或统一的状态，兼有明显的男性人格特质和女性人格特质，即兼有强悍和温柔、果断和细致等性格特征，并在不同情景下，按需要而选择恰当的表现。社会心理学研究表明，双性化的概念强调了两性心理气质的社会功能的协调，兼具动力性和系统性，双性化或许是比较理想的角色模型。

（一）双性化特质概述

"双性化"源于希腊语 Androgyny 的词根 andro（男）和 gyny（女）的结合，意指男性化和女性化的混合和平衡。贝姆的性别角色问卷是应用最广的双性化测量工具。贝姆的研究指出，具有双性化特质的人比具有单一性别特质的人更灵活，而且心理更健康；未分化的性别角色倾向表现最差。在贝姆的研究中，具有双性化特质的人，在独立性、善听性和自尊性方面都表现出特定的优势，比单一性别特质在这三方面的优势明显。另外的一些研究也支持贝姆的观点，如在处于成人初显期的参与者中，双性化个体有更为健康的习惯（如使用安全带、很少吸烟等）。

同时具备女性化特质和男性化特质的"女汉子""暖男"正是双性化的代名词。这些词语的普及与广受追捧，或许也证明了双性化人格更利于社会适应和自我发展。当然，我们还是要把双性化特质和"假小子""娘娘腔"这类气质区分开。"假小子"一般指那些性格直爽、果断的女生，这些女生具备男性的优点，但是可能缺乏女性的优点；而"娘娘腔"男生则往往指那些腼腆、羞怯、迟疑不决、有些脂粉气的男生，他们往往既不具备男性的优点也不具备女性的优点。这些特质的人一般属于中性化或未分化的性别角色类型，和双性化有本质上的区别。

近些年来，"女汉子"们可以修水管、换灯泡、修电脑、扛水桶，这些技能不再贴上男人该做的标签。"暖男"们则能陪同孩子玩耍、擅长沟通、爱玩洋娃娃、懂设计，细心、温暖，这些也不再打上女人专长的烙印。"女汉子""暖男"形象突破了传统意义上的女（男）性角色，"女汉子"同时具备了主导性（男性化）和关心他人（女性化）的特质，"暖男"则同时具有进取心强（男性化）和善解人意（女性化）的特质。处于青春期人格形成期的青少年，首先要做到认同自身的性别，培养自身的性别优势，然后再学习异性所长。

（二）双性化特质的优势

在性别意识和理想人格模式的研究过程中，"双性同体"的内涵也在不断发展变化，在哲学、宗教学、心理学、教育学等多个不同领域受到重视，成为诸多学者探讨的对象。目前国内外研究一致认可双性化人格具有一定的优势。

瑞士心理学家荣格提出了阿尼玛与阿尼姆斯两种重要原型，阿尼玛就是男性潜意识心灵中的女性倾向，而对应的阿尼姆斯则指女性潜意识心灵中的男性倾向。他认为，男女两性经过千百年来的共同生活和相互交往，彼此都获得了一些异性的特质，这种异性的特质让两性之间得以协调和理解。在荣格的假定中，男性和女性分别由男性原型阿尼姆斯和女性原型阿尼玛塑造而成，两种原型特质之间具有某种互补性，男性与女性虽有不同的特质，但是其具有同样重要的价值，这样的观点支持了双性化特质的人更具有优势。

根据我国学者的研究，在社会适应性、情绪控制力、人际交往能力和心理健康四个方面，双性化特质的人都具有优势。双性化特质的人社会适应能力更强，可以根据周围环境的变化表现自己男性或者女性的特质，以便更好地实现社会适应。双性化特质的人掌控自己的情绪能力更强，在遇事时，既避免出现男性的更容易愤怒和暴躁的性格，也不会像女性常常表现出喜怒无常、情绪化。双性化特质的人处理人际关系的能力更强，因为他们同时具有男性和女性的兴趣与爱好，拥有良好的语言表达能力，更能够理解不同性别的想法，尊重他人的行为，在与他人的交往中，双性化特质的人更具有优势。双性化特质的人在心理健康程度方面更高，在遇到压力时，双性化特质的人兼具自信、独立而又善良的特质，抗压能力更强，他们释放和舒缓压力的方式更多元，比如，既会通过体育运动，也会采取哭泣等行为调节压力。

在双性化人格模式与心理健康的关系研究中发现，双性化特质的人在自信心、安全感方面明显优于男性化、女性化、未分化者气质类型的个体，具有较高的心理健康水平。在双性化气质形成的因素研究中发现，双性化气质的形成受文化观念和地域环境的影响；双性化人格特质有性别、年级、专业的差别；双性化人格特质与心理健康显著相关，双性化特质的人心理健康水平最高。

对双性化优势的认识，也让很多人对优秀女性的认知不再局限于外表美丽、性格温顺贴心，对优秀男性的认知不局限于事业成功、性格豪放。在实际生活中，那些果断、理智、坚强，对待生活热情，工作认真，人际交往能力强，细腻而又富有同情心的男性或女性，不仅被同性接纳，也得到异性的欣赏。

（三）双性化特质培养的研究与思考

由上可得，双性化特质的优势比较明显，是比较理想的性别角色模型，值得人们去追求。对青少年双性化特质的培养可以从社会环境和个人两个层面入手。

一是社会环境层面。创建双性化特质培养的大环境，需要全社会的努力。对于双性化的培养，一个充满正能量、自由、宽容的社会氛围极为重要。要重视学校、家庭和社会在双性化特质培养中的重要作用，只有社会、家庭和学校的共同努力、共同行动，发挥各自的力量，才能帮助青少年成为更完善、完美的人。

教师要转变教育观念，努力消除消极性别刻板印象的影响，重视因"性别"施教。两性化教育实施体现为男性要阳刚，抵制阴柔风的影响，倡导男性刚中带柔；女性则可以以柔为主，柔中见刚。学校教育中要强调男女之间是合作关系而不是竞争，鼓励青少年从自己的角度去分析和表达想法。在性别角色双性化培养模式的探索中，不论是大男子主义还是极端女权主义，都违背了男女平等的原则，性别不是竞争关系，要和谐共处才能共谋发展。

二是个人层面。要树立男女平等的观念，消除性别歧视和性别偏见，提倡男女两性人格上的平等与自由。双性化特质的魅力吸引着我们，双性化的优势也特别明显，一旦我们将这种特质为我所有，人生也会达到另一个境界。但是也要注意不要"邯郸学步"，失去自己性别的魅力。我们每个人都具有不同的性别特质，只不过是与我们自身的性别相一致的性格特征占的比例多少而已。

一些研究显示，在男性的成长过程中，身边的父母、老师、同伴和其他人都在教他们尽量少表露情感，而实际上，如果男性能表达自己的焦虑和不安，不压抑这些情绪，他们会从中受益。

研究还发现，女性的双性化教育实施比男性来得容易。女性在青少年早期时会意识到男性占主导地位，虽然女性的照料天性和利他主义倾向获得社会认可，但是女性在亲密关系上所具有的优势并不被认为有价值。这样的成长背景让很多女性的发展陷入两难困境，而双性化的女生则无论在何种背景下都能强有力地发出自己的声音。

参考文献

[1] 佟新. 社会性别研究导论 [M]. 北京：北京大学出版社，2011.

[2] 约翰·桑特洛克. 青少年心理学 [M]. 寇彧，等，译. 北京：人民邮电出版社，2013.

[3] 戴维·迈尔斯. 迈尔斯心理学 [M]. 黄希庭，等，译. 北京：人民邮电出版社，2011.

[4] 沈奕斐. 透过性别看世界 [M]. 上海：上海人民出版社，2019.

第三章 同伴关系

同伴关系主要是指同龄人或心理发展水平相当的个体在交往过程中建立和发展起来的一种人际关系。如果青少年在同学中受欢迎，那么对于其获得社会价值、培养社会能力、顺利完成学业及人格的健康发展是有利的；如果青少年和同学关系不好，那么可能导致其在学校适应困难，甚至影响成年以后的社会适应。本章从同伴关系相关研究、同伴交往、异性交往三个方面阐述青春期青少年的同伴关系发展，并对青少年如何更好发展同伴关系提出建议。

第一节 同伴关系相关研究

同伴群体通常是因共同的兴趣或环境而自发形成的，如学校中的班级是典型的正式建立的群体形式。

关于同伴关系，早期的研究主要集中在同伴关系对心理社会发展的影响，这些研究不同程度地揭示了同伴关系与心理健康之间的关系。近年来，关于同伴关系的研究，更全面、深入地涉及同伴关系对青少年学业成绩、行为、情绪及人格发展的影响。

一、同伴关系的影响

研究发现，青少年的学业成绩与同伴接纳存在显著的正相关、与同伴拒斥存在显著的负相关。学习成绩优秀的青少年更容易赢得同伴的欣赏与接纳。同时，即使是学业成绩一般的儿童，比起学业成绩较差的儿童来说，也易赢得同伴的接纳。这说明，在不考虑其他因素的作用时，青少年的学业成绩与同伴接纳之间存在着密切的关系，青少年的学业成绩越高，他们的同伴接纳水平就越高。

对同伴关系与亲子关系的研究中发现，有牢固同伴关系的青少年，有较好的顺应性，而且有牢固同伴关系但是没有牢固亲子关系的青少年，也表现出较好的顺应性。当然，有大量的研究发现，家庭在子女朋友选择中起着重要作用。青少年个体间关系的建立和发展受到家庭的影响。如果家长能够了解青少年在学校社交系统中所处的位置，那么有助于他们更好地了解子女的行为和价值观。如果家长能够更多关怀正处青春期的子女，那么可以减少青少年参加不良社会团体的机会，也能减少问题行为。心理学家尼娜指出，父母通常通过监视孩子的玩伴，来管理孩子的友谊，指导孩子与父母喜欢和接受的同伴交往，禁止与那些父母不喜欢和接受的人玩。父母也扮演"顾问"的角色，帮助孩子解决与朋友之间的问题。有父母作为"友谊顾问"的孩子，更不易沾染毒品、涉及违法行为，与朋友的关系也更好。

二、大群体与小团体

大群体是由志趣相投的一群青少年组成，他们大多来自相同的种族或者地区，尽管他们可能并不承认彼此之间是朋友关系，而且也没有太多时间在一起交流。与小团体截然相反的是，大群体的作用并不是让青少年在其中建立友谊或者亲密关系，而是主要体现在以下三个方面：定位青少年在学校中所处的社交层；让青少年进行分流；以及提供崇尚某种生活方式的环境。大群体是以名声和刻板印象而非人际交流为基础的，它对青少年的认同感和自我意识的影响比对其社会发展的影响要大。

影响小团体组成的最重要因素是成员之间的相似性。小团体通常是由相同年龄、兴趣、爱好、需要等的成员组成，平均为五六个人，他们在一起可能是为了一同参与某种日常活动（如学校的球队队员或者经常一起学习的学生），也可能是出于友谊（如天天在一起吃午饭的女生或者从小一起长大的男生）。不论它是如何形成的，小团体的重要性都在于它为青少年的交际活动提供了主要背景，是青少年进行玩耍、聊天和交友等社交活动的重要单位，小团体成员彼此之间的了解程度和欣赏程度都比外人要高。

另外，小团体是基于活动和友谊而组成的，是青少年学习社交技巧的重要场所。青少年在小团体里学会如何做一名好朋友，如何有效地沟通，如何陪伴他人，甚至包括如何从一段不满意的友情中脱身。

值得注意的是，当青少年被大多数同学排斥时，具有攻击性的青少年会尝试"购买"友谊，当具有攻击性的青少年形成"友谊"的小团体时，他们参加的共同活动往往是危害社会的活动。这种情况，教师、家长要特别警惕。

三、校园欺凌和个体边缘化

（一）校园欺凌

校园欺凌指大多发生在中小学的同学间欺负弱小的行为，受害者会长期受到欺凌，会形成一定的心理问题，影响其健康，甚至影响他们的人格发展。校园欺凌涉及的学生可以分为霸凌者、受害者、协助者、强化者、保护者、局外人6类。目前，校园欺凌在我国已经列入刑法，《中华人民共和国刑法》

第二百三十四条规定：故意伤害他人身体的，处三年以下有期徒刑、拘役或者管制。犯前款罪，致人重伤的，处三年以上十年以下有期徒刑；致人死亡或者以特别残忍手段致人重伤造成严重残疾的，处十年以上有期徒刑、无期徒刑或者死刑。新修订的《中华人民共和国未成年人保护法》第三十九条也规定：对实施欺凌的未成年学生，学校应当根据欺凌行为的性质和程度，依法加强管教。对严重的欺凌行为，学校不得隐瞒，应当及时向公安机关、教育行政部门报告，并配合相关部门依法处理。这都是针对校园欺凌现象的重拳出击。

（二）个体边缘化

个体边缘化是指青少年被大多数同学所排斥，被忽视被冷落的现象，具体有两种情况。一种情况是客观上被边缘化，平时的行为举止比较另类，和其他同学格格不入；还有一种是主观上感到被边缘化，比如在同学们生日的时候给他们寄贺卡，期待自己过生日的时候有人给自己寄贺卡，但并没有收到，觉得特别失落，认为其他同学把自己边缘化了。造成边缘化有两方面原因，一方面，是由于青少年自身的交往技巧不足，不知道如何恰当地表达自己，不会处理人际交往中的误会；另一方面，在交往过程中，青少年碰壁后选择退缩或逃避人际交往，进而走向边缘化。

青少年需要同伴关系，内心大都十分渴望融入群体，他们害怕自己和别人不一样，但是常常没有足够的勇气主动参与人际交往，或者参与后没有得到热情的回应选择退缩。这部分青少年需要教师、家长及同学的积极配合和鼓励，关心他们，逐步让他们建立安全感，理解人际关系中冲突存在的普遍性，学习如何正确处理同伴关系，尽快重新融入集体之中，避免边缘化。

四、孤独与独处

不少青少年提出，虽然平时自己打打闹闹，看起来挺热闹，但是内心很孤独，很难找到能够走进自己内心世界的人。当青少年感到被排斥、疏远、隔离和不能掌控时会产生孤独感，他们会用空虚、隔离和无聊等词语来形容孤独。青少年时期的男生比女生有更加强烈的孤独感，这大概是因为男生在表达情感方面更加困难。

青少年的孤独和我们常说的独处有什么区别呢？独处，更多指空间上一个人待着，而孤独是个体的一种主观感受，具体说是个体感到没有得到足够的支持或陪伴。一个孤独的个体即便在人群中也会感到孤独。与父母的距离感相比而言，青少年的孤独感与同伴的距离感有更密切的关系，没有好朋友以及感觉与同伴群体有距离会导致青少年的孤独感。

许多青少年似乎会认为，他们应该将所有空闲时间都用于和朋友的交往上，一个人如果选择独处一定是不好的。这个想法应该被恰当地加以纠正，因为适当的独处有很多的益处。它是青少年完成自我整合的重要方式。例如，在独处的时候可以反思，可以专注于一项有难度的任务，或者可以休息和恢复一下身体。

到底是什么原因让青少年产生孤独感呢？据研究发现，有些青少年存在社交焦虑，不知道如何与他人交往，有些青少年因外表等原因遭受冷落。这些青少年认为自己会被他人回绝或回避，从而会让自己感到难为情。这样会形成一个恶性循环：因为他很孤独，所以状态会很消极，消极的状态又使他更加难以建立新的关系，最终形成更深程度的孤独感。一些青少年有过受伤害的经历，所以条件反射性地不相信他人，从而不愿意与他人交朋友。还有一些青少年缺少父母的支持，这使得他们交友更加困难。当这些青少年认为交朋友的风险比从中获得的好处更多时，他们很难建立真正的友谊。

几乎所有的青少年，都会偶尔感到孤独，这是正常的现象；然而，有些青少年会经常感到孤独，这就值得关注了。有孤独感的青少年，与那些更好地融入社会的人一样有吸引力、受欢迎，但是他们更容易感到害羞、低自尊。对于青少年来说，发展积极有效的策略来战胜孤独感是很重要的。有一些不错的方法，比如积极参与自己喜欢的集体活动，与朋友多接触，或者主动帮助有困难的人等。

总之，同伴关系对青少年而言是非常重要的关系，他们需要学习如何经营这种关系。而校园欺凌、边缘化和孤独是一部分青少年需要面对的议题，他们很渴望获得应对这些方面的能力。通过专题的课程、科普以及家校联合行动，有助于青少年更好地适应校园生活，建立友谊，远离校园欺凌，提升人际交往的能力，培养独处能力。

第二节 同伴交往

中职生正处于青春期，身心发育逐步迈向成熟，同伴关系，尤其是友谊，在他们的日常生活中占据着举足轻重的地位。一方面，青少年的自我意识日益强烈，开始渴望独立，渴望摆脱父母的限制与呵护；另一方面，他们的交友意愿日益强烈，期待与同龄人交往，渴望与同龄人建立持续而亲密的同伴关系。

一、友谊

亚里士多德将人称为"社会性动物"。根据马斯洛需求层次理论，我们都有情感和归属需要，人人都希望可以拥有持续、亲密的关系，获得关心、照顾，青少年亦是如此。对于他们而言，同伴关系占据了他们生活的很大一部分，友谊在他们心中显得愈发重要。

（一）什么是友谊

《心理学大辞典》关于"友谊"的定义为："建立在利益一致和相互依恋基础上的个人之间关系的一种形式，广义的友谊概念不仅表示个人之间的关系，而且包含社会关系。"芬克通过对同伴业余兴趣爱好的相似性研究，对同伴进行了具体的定义，认为同伴是个体愿意花费自己大部分闲暇时光与之待在一起的人，也是受个体欣赏、依赖的，同时在对方遇到重大问题时，非常乐意花时间和精力去支持对方的人。由此可见，同伴友谊往往存在以下四个特点：个体之间的关系具有稳定持续性；个体之间存在双向的相互作用，并非单向的喜欢或者依恋关系；以彼此之间的信任为基础；以双方亲密性支持作为情感特征体现。

（二）青春期友谊的特点

尽管青少年在童年期已经开始经历并发生了许多人际交往活动，拥有不同质量的友谊关系，但是到了青少年时期，他们的同伴关系却发生了质的变化。心理学家布尔梅斯特认为，在进入青春期之后，友谊会发生以下四个方面的重大变化。

第一，友谊活动的主题发生变化。在青春期，同伴之间的交流从"以活动为中心"转变成为"以谈话为中心"。在儿童期，友谊活动往往是发生于操场、教室等地的玩耍、追逐等活动；但是到了青春期，他们更多地是在一起谈话、交流，互相倾诉自己的情感话题，交流自己的想法、建议。

第二，友谊活动的范围进一步扩大。由于受到年龄、自身能力等原因的限制，儿童期的友谊活动范围往往受到限制，他们更多地是在学校、教室这样的地方开展同伴交往活动；但是到了青春期，随着年龄、自身能力等的发展，他们的活动从校内延伸到校外，从自己的家庭拓展到社区等公共场所，青春期少男少女能够主动地发起交往活动，而且可以通过各种媒介进行交流、交往。

第三，友谊成为自我探索与情感支持的重要依靠。对于青少年而言，青春期是一个动荡期，其各方面发展都十分不稳定，青少年对周围事物都存在一种不确定感，同伴的出现可以帮助青春期少男少女确定自身定位和自我价值。因此，这个时期一个较为突出的特点是，同伴之间自我暴露以及相互提供情感支持的程度和频率大幅增加。这个阶段，青少年会适当表达自身情感，同时会及时为朋友提供情感支持。

第四，友谊的亲密性程度增加。青春期，青少年开始表现出理解、敏感、可靠、忠诚等品质，而且愿意为对方保守秘密等，这是青少年同伴之间亲密性增加的体现，是青春期同伴友谊的一个显著性特点。但是，与亲密性增加随之而来的，是同伴之间的冲突也比以往增加了。因此，在这个阶段，适当发展冲突解决能力，在良好的友谊发展中显得尤为必要。

青少年的友谊无论从活动内容还是影响范围上，都发生了质的变化，也标志着这种友谊关系趋向稳定、成熟。在自身年龄相仿的同伴群体中，青少年志趣相投，充分地表达自我，获得价值感。友谊的成熟也是青少年社会性发展成熟的重要标志之一。

（三）青春期同性依恋现象

在学校里，我们经常会碰到两个女生或者男生关系非常好，他们一块儿上学、放学，周末一起出去玩，整天黏在一起，两个人亲密无间、无话不谈，似乎完全容不得第三个人的加入。有同学、家长或者老师会对此感到好奇或者不解，这是同伴友谊，还是同性恋？

对待这个问题，我们要树立一个正确的观念，即这是青春期男生女生交往过程中的正常表现，是正常的身心发育过程，是同性依恋情结的表现。同性依恋是指青少年在自身的成长历程中，亲近同性而疏远异性的行为表现，是青春期一种常见的心理过渡现象，常见于14岁到18岁。一个人的心理过渡，大致要经历两小无猜期、两性疏远期、两性爱慕期和正式婚恋期。同性依恋情结的发展在两性疏远期是一种常见的自然发展倾向。少男少女在青春期渴望友谊，渴望有人能够理解自己、认同自己，同时，又被父母从小灌输"不要和异性过多接触"的观念，加上校内外异性交往存在分明的界限，男女同学之间的交往可能引来非议和猜测，这都促使青春期的少男少女或多或少对异性产生排斥，因而也更多地选择与同性交往，从而逐步发展出同性依恋情结。

同性依恋和同性恋是两个完全不同的概念，我们绝不能把青春期同性之间的亲密、依恋视为恋爱。同性依恋是青少年正常的心理现象，这个阶段的青少年喜欢和自己同性别的伙伴在一起玩，会有一些亲密的举动，会对异性排斥，这都是正常的心理行为表现，随着年龄的增长，有同性依恋的青少年会自然进入异性吸引阶段。而同性恋是个体之间产生爱情和性欲的相互吸引，个体仅仅对同性有交往兴趣，而且会对同性产生性兴趣和性冲动。同性依恋并不存在这种现象，更强调的是一种情感联结方式。因此，我们要科学看待同性依恋，莫操之过急地将之定义为"同性恋"。

作为青少年的老师及家长，首先，要理解青少年的同性友谊，为他们营造一个民主、宽松的交友氛围，同时不要过分打压青少年与异性的交往，要鼓励其多结交各类朋友，而不是拘泥于一种性别、一类人。其次，要给青少年合理的性别教育，帮助青少年理解自身的性别可以带给自己的优势，同时消除消极的性别刻板印象，鼓励青少年在交友过程中发挥自身的性别优势。最后，积极与青少年沟通，对待他们的同伴交往，切忌采取"一刀切""打压"等粗暴的方式，应在保护青少年的自尊心、照顾其心理感受的基础上，倾听他们的困惑，了解他们的需求，循循善诱。

二、同伴交往策略

同伴关系的发展是青少年社会化发展过程中的重要议题，对其身心发展具有重要的社会意义。良好的同伴友谊可以帮助青少年树立正确的世界观、人生观和价值观，促进其心理和人格的全面、健康发展，更好地适应社会生活。不良的同伴关系会导致青少年对学校生活适应不良，进一步会影响其社会生活的适应。因此，如何获得良好的同伴关系，对每一位青少年显得尤为重要。

（一）同伴间的吸引力法则

常常会有青少年找老师和家长倾诉，自己很孤独，身边没有朋友，他们很羡慕周围同学总是三五成群，自己却总与他们格格不入。那么，什么样的人容易交到朋友？其实，同伴之间的交友，是存在吸引力法则的，人与人之间友谊的建立，有一些奇妙的规律和原则。

俗话说，"近水楼台先得月"。两个人能否成为朋友，地理位置的接近是一个重要因素。我们总能看到，家距离近的青少年总是能走得更近，在班级里座位相邻的青少年更容易成为好朋友，同班同学比同校同学更容易发展成为好伙伴。同伴双方在地理位置上的距离越小，双方越接近，彼此之间更容易发生接触，从而更容易促进个体之间发展同伴关系。所以，找好朋友的时候，建议青少年不妨先了解一下周围的人。

我们经常会看到青少年因为相似的兴趣爱好、生活习惯、过去求学经历等聚在一起，友谊也在这个时候悄然萌发。这就是因人与人之间的相似性所导致的人际吸引。相似性主要体现在两个方面，一是年龄、性别、性格等个人特征方面的相似；二是社会地位、职业、籍贯、教育水平、家庭背景等社会特征方面的相似。相似的一类人更有可能做出相同的决策，彼此之间会具有更多的默契。

当然，除了青少年之间的相似能够令他们彼此吸引、成为朋友以外，还有一种特殊情况，即当同伴之间的需要以及期望正好形成互补关系的时候，双方之间就会产生吸引力，引发友谊的萌芽，这也是我们常说的人际关系相互吸引中的互补性原则。互补的前提是彼此之间能够满足对方的心理需求。

同伴性格、能力等方面的互补，可以帮助彼此取长补短，充分发挥优势，弥补短板，促进同伴双方更好地发展。如一位外向开朗的青少年和一位内向安静的青少年，能成为形影不离的朋友，恰恰是因为性格上的截然相反，让他们对对方产生好奇，彼此接近。

经常有这种情况，在一个全新集体活动，或者定期固定频率的走班课程后，青少年容易和这些活动中的同伴建立友谊。这是因为多次接触增进了青少年彼此之间的熟悉感，熟悉感又会进一步提升好感，从而使他们建立了友谊。

另外，还要特别强调一点，诸如能力、外貌、性格等个人品质也会影响青少年之间友谊的萌发。从进化心理学的角度来看，我们喜欢那些社交能力强、聪明、富有竞争力、外表有吸引力的人，我们也喜欢拥有真诚、理解、忠诚、真实、可信等个人品质的人。这些人更容易交到朋友，人们也更愿意和他们做朋友。青少年时期是个性发展的关键期，教师及家长要引导青少年形成健全的人格品质，也有助于其同伴交往的顺利进行。

（二）同伴交往的技巧

获得了友谊，该如何去维持？与同伴发生了冲突，该如何面对和解决？有哪些维系友谊的技巧？许多中职生在同伴交往中往往会面对这些困惑。青少年与他人建立友谊的过程，也是社会化的过程，青春期阶段的朋友关系还不稳定，多数人尚未掌握交友的原则和分寸，因而友谊关系显得较为脆弱。因此，对于青少年而言，懂得一些交友技巧显得尤为必要。

1. 自我整合与接纳

青春期是一个生理和心理都产生着巨大变化的时期，面对变化，青少年的自我整合与接纳将会对其交友产生积极的影响。我是一个什么样的人？我的优点是什么？我有什么需要改进的地方？别人眼中的我是什么样的？我希望我以后是什么样的？这些都是自我接纳的基本问题，如果这些问题能够处理好，那么将有助于青少年完成自我接纳，达到自我认同，进而能够帮助其在人际交往中发展稳定可靠的友谊。自我接纳是相信自己，相信自己的能力、性格，认为自己是值得被爱、被尊重的个体；自我接纳是正视自己，正视自己的优点和缺点，坦然接受，用最真实的自己和别人进行沟通、交流。青少年的自我接纳，可以帮助其形成一个稳定、健全的个体，这样的稳定健全更有利于其建立和谐良好的人际关系。因此，良好的同伴关系，应先从青少年自身稳定的自我意识出发。

2. 学会欣赏他人

社会心理学认为，我们容易喜欢那些喜欢我们的人。在同伴交往中，学会欣赏彼此也显得尤为必要。三人行必有我师，同伴之间的相互欣赏体现了相互的认同感，也促进了彼此的进步。欣赏不仅是表达对对方的认同，也是自身豁达心态的体现。青少年在学校学习生活，难免会遇到竞争，如果同伴在某一方面取得突出成绩或者超过了自己，应当由衷地为其开心，并且真诚地赞美。互相不信任、猜疑、对朋友嫉妒等会直接导致友谊的破裂，而真诚地赞美可以让同伴感受到自己对他的欣赏和认可，从而促进友谊的升华。同时，同伴的进步也可以作为个体自身进步的榜样，促进个体的全面发展。欣赏是信任的基础，也是友谊的试金石。

3. 培养钝感力

钝感力不是迟钝力，而是指对周围发生的事情不过分敏感，强调在遇到问题时的坦然与平和。青春期是身心发展的疾风暴雨期，这个时期的青少年大多多愁善感、喜怒无常。在这个时期，青少年彼此之间的友谊也相对比较敏感，同伴之间的误会往往发生于一些琐碎的小误解，或者流言蜚语中。经常会有青少年抱怨，为什么别人老是针对我？为什么其他人老在背地里说自己的坏话？对于外界环境的敏感，使他们产生了过低的自我评价和对周围环境的不信任感。此时，钝感力就显得尤为必要。少一点敏感，相信自己，坦然面对"流言蜚语"，尽可能地忘却那些不愉快；面对他人的嫉妒和讽刺尝试换位思考，表示被关注的感激，并忽视这些不友好的声音，坚定地去完善自己。

4. 不断地完善自我

花香才会招来蝴蝶，友谊也是如此。从积极心理学的角度看，抱怨在一定程度上是对幸福的剥夺。生活中，大家更愿意接近那些上进、以积极的眼光面对生活的人，而不是一味地对现状进行吐槽、抱怨的人。一个积极、不断地自我完善的人，更容易获得稳定的友谊。在接纳自己的过程中，会发现自身存在缺点和弊端，面对这些，应当是抱着积极的心态去发展、修正。大家都喜欢和有趣的人交朋友，青少年要能够根据自己的特点发展自己的闪光点。

5. 真诚先于技巧

人际交往的技巧有很多，但是在技巧之前，一定是以真诚之心待人。真诚，即以真心诚意之心对待同伴，不能套路或者敷衍同伴。与同伴应当坦诚相对，努力去了解同伴的爱好、习惯等，尊重对方与自己的个性差异，坦率地与同伴沟通、交往，不对同伴说谎，不背叛同伴，时时站在同伴的角度为同伴着想，在交往中避免无休止地抱怨和冷暴力，尝试以真诚之心积极解决问题。真诚地去倾听同伴的心声，关心同伴，了解同伴的生活情况、心理和情绪变动，表达出对他们的关心，并及时提供帮助，切忌以自我为中心，一味地只谈自己的事情，而不顾他人的感受想法。真诚地去沟通，在发生冲突或者误解的时候，很多青少年会选择冷战来处理，其实，面对误解，及时说出来，积极寻求解决方案才是最好的解决办法。真诚地表达自己，不要因太在意他人眼光而羞怯或者畏畏缩缩不敢表达自己，表达自己是打开自己内心世界的一把钥匙，尽量少说"随便""无所谓"这一类的词，要有选择、有见地地参与同伴间的讨论、决策，表达自己的想法。

第三节　异性交往

青少年阶段的异性交往，是实现社会化过程中必不可少的链条。在男女参半的社会中，青少年必然会面对异性交往，只有学会与异性交往，才会形成良好的人际关系，保证学习、生活的正常进行。

一、青少年异性交往

青少年异性交往，是发生在青少年群体中不同社会性别之间的交往行为，是青少年人际发展的重要方面。青少年异性交往中需要面对和解决的主要问题有：处理好与交往对象的关系、把握恰当的交往规范、发展良好的异性交往技能、及时消除交往矛盾与障碍、适时缓解交往所造成的压力等。

（一）青少年异性交往的心理和行为发展特征

人的社交发展一般分三个阶段：第一阶段是自我社交，在此阶段，儿童的主要愉悦和满足来自自身，学龄前早期属于此阶段；第二阶段是同质社交，在此阶段，儿童的主要愉悦和满足来自同性别小朋友的友谊和陪伴，小学时期属于此阶段；第三阶段是异质社交，往往从初中开始，一直延续到成年，在此阶段，人的主要愉悦和满足来自多方面的交往，包括同性友谊和异性友谊，能否与异性形成一种密切的关系相当重要。从以上三个阶段来看，异性交往是青少年发展异质社交的必由之路。

青少年步入青春期，随着心理日益成熟，经历"异性疏远期"，进入"异性爱慕期"。这时其性意识发展通常表现为外观的吸引和接触，这种吸引和接触使青少年喜欢在异性面前表现自己，以引起对方的注意，获得对自己的肯定。进入青春期的青少年，具有明显的心理特征，这些特征具有普遍性和强烈性，表现如下。

（1）随着他们的身体迅速发育，认知能力，特别是思维的独立性、批判性和创造性有了明显的发展，辩证逻辑思维已经开始占优势，但是容易出现片面性和表面性。

（2）情绪具有明显的两极性。调节和支配情绪的能力有很大发展，但情绪表现仍然十分强烈，容易激动，一触即发。心理承受能力相当脆弱，情绪易波动，容易走极端。

（3）出现心理闭锁的状况。进入青春期，他们往往开始学会掩饰、隐藏和欺骗自己的真实感情，不愿意将自己的内心表现出来，形成心理自我闭锁。

（4）内心充满矛盾。如感情与理智的矛盾、独立性与依赖性的矛盾、闭锁性与强烈交往需要的矛盾、求知欲强与识别力低的矛盾、性意识的发展与道德规范的矛盾等。

（二）青少年异性交往的积极意义

社会心理学研究发现，人对他人在场的意识会带来行为效率的提高，这种现象被称为社会助长效应。研究表明，社会助长效应可以增加人们的行为数量并提高行为质量。异性效应则是一种特殊的社会助长效应，异性间的相互交往及由相互吸引而产生的愉悦的情绪体验，不仅对个体的身体健康有很大的影响，而且对个体的心理活动也能产生大量的生理效应，可激发个体的潜能，使其敏捷活跃而奋发向上。男女在智力、情感、个性等方面存在差异，他们可以取长补短、丰富完善自己的个性，使自身性格更加豁达、情感更加丰富，提高学习与工作效率，激发内在的积极性和创造力。正值青春期的青少年性意识开始萌发，对异性更为敏感，也就更容易出现异性效应。

青少年的异性交往对其成长与发展具有积极意义，主要表现为以下几个方面。

首先，良好的异性交往可以帮助青少年实现更好的自我认同。埃里克森成长阶段理论认为，发展同一感是青少年时期的关键任务。和异性同伴的交往可以帮助青少年形成一定的自我概念，促进同一感的发展，有利于青少年建立清晰的自我感觉，进而促进青少年建立良好的自我价值感。巴库斯基等人的研究发现，适当异性关系的建立往往与青少年积极的自我感知相联系，有较多异性同伴的青少年会被更多朋友接纳，自我意向更为积极。

其次，良好的异性交往有利于青少年心理健康发展。阿斯曼提出，良好的异性同伴关系对青少年情绪的影响比其父母产生的影响更大。瑞斯曼提出，具有良好异性同伴关系的青少年更具备友好、谦虚的品质，表现出较少的焦虑心态，对环境更加容易适应。良好的异性交往有利于青少年心理需求的满足，能够帮助其减少心理失衡现象的发生。

再次，良好的异性交往可以促进青少年间的友谊发展，为将来成熟恋爱关系的发展奠定基础。青少年间恰当的异性交往，可以扩大他们的朋友圈，使青少年的友谊范围不仅仅限于与同性同学之间的交往。与异性交往可以帮助青少年更好地认清自身的不足，学习异性的优点与长处，进而学会更好地交往。青春期早期出现的亲密异性友谊，有助于青少年对异性的了解和认识，学会与异性交往，这就为青少年以后的恋爱经历做了准备。

最后，良好异性关系的获得有利于青少年的社会性发展。异性同伴之间的交往能够帮助青少年获得一定的社交技巧与能力。与异性同伴之间建立良好的关系还有助于青少年获得更多的归属感、安全感，对培养青少年情绪的社会化、积极探索环境的精神更加有利，对于青少年获得良好的社会价值也有很大的促进作用。

二、青少年异性交往的教育对策

（一）确立科学的异性交往观念

相关研究表明，学会与异性交往，达成异质社交是青春期重要的社会目标，所以与异性交往并非成人以后的事，而是青少年走向成熟的一个重要任务。因此，家长、教师应转变将青少年的异性交往神秘化、危险化，从而把异性交往视为禁区的教育观念。对涉世不深的青少年来说，与异性交往是一个全新的领地，有很多的疑问和困惑。家长、教师既应看到青少年异性交往的积极作用，又应注意青少年容易出现的异性交往心理问题，要以正确的观念和科学的态度对其进行必要的帮助和指导。

（二）贯彻适时、适度、适当的教育原则

适时是指教育的时机必须遵循青少年的身心发展规律，既不超越，也不延缓。异性交往的指导应与青少年的心理发展同步进行，前阶段的教育要顾及后一个阶段，注意前后衔接与前后一致。适度是指在进行教育时，要根据青少年的年龄特征与承受能力，把握分寸，防止过度，并且要符合国情民俗。过多的教育内容有可能适得其反，太少又起不到指导作用；过分超前不符合

青少年实际，落后了青少年又不接受。适当主要指教育的观念、形式、方法与态度要适当。对青少年应持善意、真诚、严肃、认真的态度，启发、引导和帮助青少年，并且注意不要随便触及青少年的隐私，应以正面教育为主，而不是漫无边际地批评、否定，不是一味从反面事例中寻找教训。

（三）采取有效的策略

1. 鼓励青少年建立友好和谐的同学关系

家长、教师应鼓励青少年扩大与同性同学和异性同学的合作，并尽量给他们创造合作学习、合作活动的机会；鼓励青少年健康交友，包括同性朋友和异性朋友。对朋友的选择要慎重，不能光看外表或其他表面的东西，尤其在对异性朋友的选择上。健康和谐的同学关系不仅会减少青少年异性交往问题的发生，还会对其成长发展起到积极的作用。

2. 发挥学校教育的主导作用

学校要按学生不同年龄特点和接受能力，有目的、有计划、有秩序、分层次地实施系统的异性交往相关教育。由于异性交往相关教育有其相对独立的教育内容，学校除了专门设置相关课程外，还应充分利用其他机会和教育条件，把异性交往教育渗透到其他课程教学、团队活动、文化娱乐等各个方面，使学生在异性交往方面得到健康、和谐地发展。

3. 营造文明、温暖、民主的家庭环境

家庭教育既是学校教育的先导，又是学校教育的有益补充。家长在面对青春期孩子异性交往时，要做到理性对待，要以平和的心态看待孩子间的异性交往。家长支持孩子与异性朋友正常交往，不仅会帮助孩子学会和各种性格的朋友相处，还能培养孩子的团队与合作精神，帮助孩子培养健全的人格。家长要学会甄别孩子间的异性交往，密切观察孩子的异性交往情况，对于不愿和异性交往的孩子，要引导他们学会和异性交往的方法，帮助孩子克服因腼腆、自卑等心理因素而带来的交往障碍。对于和某一固定异性交往较多的孩子，家长要积极从不同侧面去发现孩子交往的真实目的，引导他们树立正确的交友观。

4. 创设健康的社会环境

社会是青少年成长的基础和大环境。对青少年进行异性交往相关教育，

不仅仅是学校和家庭的责任，也是社会的责任。因此，应调动学校、家庭、社会三方面的积极力量，形成一个立体交叉的教育网络，以增强教育效果。

参考文献

[1] 仲宁宁. 青少年同伴友谊的发展特点及作用[J]. 中小学心理健康教育, 2010（18）: 4-6.

[2] 戴维·迈尔斯. 社会心理学[M]. 张智勇, 乐国安, 侯玉波, 等, 译. 北京: 人民邮电出版社, 2006.

[3] 曾玉, 孔屏, 张莹莹. 青少年的同伴关系与心理社会适应[J]. 佳木斯大学社会科学学报, 2010, 28（01）: 124-126.

[4] 王小康. 班级中不良"同伴"关系交往障碍分析与矫正[J]. 科学咨询（教育科研）, 2008（04）: 19-20.

[5] 纪红艳, 刘春蕾. 儿童同伴关系研究综述[J]. 吉林省教育学院学报, 2008（02）: 31-33.

[6] 高旭, 王元. 同伴关系: 通向学校适应的关键路径[J]. 东北师大学报（哲学社会科学版）, 2010（02）: 161-165.

[7] 卢家楣. 青少年心理与辅导——理论和实践[M]. 上海: 上海教育出版社, 2011.

[8] 吴增强. 青少年心理辅导——助人成长的艺术[M]. 上海: 华东师范大学出版社, 2013.

第四章　危险性行为与防护

　　进入青春期后，随着生理的快速发育和性心理的逐步发展，青少年萌发了对性的兴趣和向往，并出现性的冲动和欲望。在这样一个特殊的成长阶段，帮助青少年学习科学的性知识是一个非常具有现实意义的话题。本章从行为层面入手，结合青少年可能出现的过早性行为，遭遇的性骚扰行为以及艾滋病病毒感染等，对相关知识和防护措施进行了介绍，以增强青少年的自我保护意识和社会责任感。

第一节 性的社会性

处于青春期的青少年，性冲动开始萌发，对"性"充满好奇，在这个年龄阶段，学习科学的性知识尤其重要。但在现实生活中，很多老师、家长总是不好意思主动和青少年谈及"性"这一话题。许多青少年会自己通过网络以及影视作品等途径获得片面甚至错误的性知识，导致他们对性的理解出现偏差。据调查，处于青春期的学生中，有相当一部分人缺乏科学的性知识，不知道过早性行为对身体和心理的危害，也缺乏在异性交往和恋爱过程中的自我保护意识；还有个别人把有关性的行为视为个人私事，缺乏对社会和对方应有的责任感；等等。这些情况都需要在青春期心理健康教育中进行正确的引导。

一、性的认知

性，可以从狭义和广义两个角度来理解。狭义的性，主要是指性行为，指旨在满足性欲和获得性快感而出现的动作和活动；而广义的性，则是指与性欲的产生与满足相关的一切活动及相应的生理、心理、社会文化内容。生理层面的性，主要包括性器官及其发育、性行为的生理特征，有时甚至专指具体的性行为；心理层面的性，主要包括青春期的性意识、择偶与恋爱心理、性行为的心理特征、性倾向及性偏好等伴随性活动的一系列心理现象或过程；社会文化层面的性，主要包括性交往活动、性规范制定、性教育活动、性审美活动及相关的文化产品等。

人具有和动物一样的性本能，但人的性欲满足必然伴随着涉性的人际交往，其中既包括以满足性欲为目的的性行为，也包括恋爱、求偶、结婚等建立在性动机基础上的各种人际交往。我们将这种带有性动机的人际间的交流与来往活动及其形成的关系称作性交往。性交往必然形成与性相关的社会交往关系，所以需要制定各类制度、规定，来规制性行为及其他性交往活动，保证性交往关系的良好发展，这就形成了性交往规范。性教育是指以正式或非正式的形式,对有关性的生理、心理、规范等各种相关知识的传授和指导活动。

因为性器官的发育及功能、性心理的形成与作用等,归根结底都要在性交往活动中得到实现或体现,性教育、性规范更是直接指向性交往活动及其相应的性关系,因此,尽管性包含了多层次、多方面的内容,但这些内容都是围绕着人们基于性欲的人际交往展开或实现的,从这个意义上讲,性交往是广义性的核心内容。

在性交往活动中,人们产生了什么样的性关系是好的、应该的,什么样的性关系是不好的、不应该的等观念,这种对性交往活动评价标准的认识,就是性交往价值观;在性交往活动中,人们为了健康的需要,还探询有关性的知识,从而建立了各种有关性的学科;在性交往活动中,人们还在对交往对象的观照和对交往过程的体验中产生了与性有关的审美意识,并进一步创造了以性审美为表达内容的各种艺术作品。

针对各种性交往活动,人们逐渐构建出不同的性文化,核心内容是性交往价值观,表现为性规范、性科学、性审美等,以倡导正确、健康、美好的性理念。为了把这种文化传承下去,性教育应运而生,并且也成为人类性文化的一个重要部分。人类的性不是一种纯粹的生物本能,看似与社会无关的个人身心层面的性现象、性特征,其实都是社会活动的产物,都是在人类社会交往活动中形成的。

很多青少年处于懵懂之中,常常把性直接理解为性行为甚至核心性行为,也就是停留在生理层面,而往往忽略了性的心理和社会文化层面。所以,我们在青春期心理健康教育中,很有必要把青少年对性的认知从狭义的角度切换到广义的角度,同时引导青少年的关注点从生理层面的"性"转移到社会文化层面的"性"。也正是通过相关的社会交往,人类的性才逐渐脱离了纯粹动物式的"兽性",包含着越来越多的"人性"。

二、性的社会化

个人之"性"的发展,不是一个纯粹的生理或心理过程,而是一个以生理特征为基础,通过与社会及他人不断互动,逐渐构建自己性观念系统的社会化过程。正是这一社会化过程，使得个人的性具有了许多社会因素，即使是看似为纯自然现象的性欲，事实上也受到性的伦理观、性的法律规定等社会文化的影响，它们可以明显地影响个体性欲的状况。在每一个社会中，都有一些规范来允许或禁止某些类型的性行为，个人通过学习这些规范，从而形成一定的性观念及相应的性行为模式，可以说性的社会化过程贯穿着人的一生。

青春期是个人之"性"社会化的重要阶段，这时"性"的生理方面的发育，已经让人们无法回避"性"的问题。在人的整个生命周期里，青春期是儿童向成人过渡的重要时期，在分工相对单一的传统社会里，这种过渡较为快速与直接，通常以某种类似成人礼的仪式完成。在现代社会里，这个成人化过程更为漫长，这也使得青春期性的社会化更为复杂。

一般来说，青春期性的社会化内容主要有两个方面，一是在儿童时期性别认同的基础上，适应社会对性别特征的规范，以便确认自我在社会中的位置与功能；二是学习如何处理性欲，获得与社会一致的性人格。随着性生理的发育成熟，个体的性欲日益强烈，并渴望进行人际间的性交往、性行为等。这时，个人会接触到社会有关性的各种基本规范和价值观，例如反对性变态行为、克制性欲与冲动、用婚姻或爱情来制约性行为、不得性侵、不得性骚扰等，这些都会逐渐内化为个人人格的一部分，成为个人处理性欲、选择性活动方式的内在依据。在这两方面社会化完成之后，个体基本达到了性成熟，并以婚姻关系的建立作为成熟的标志。

在青少年性的社会化进程中，对性道德的充分认识和观念培养尤其重要。性道德是一种特殊的规范调节方式，是通过社会舆论、传统习俗和内心信念维系并发挥作用的性行为准则和规范的总和。性行为准则是性道德的重要组成部分，指在一定社会条件下评价和指导人们性行为的准则。这些准则既包括人们在长期生活实践过程中所形成的"应当"与"不应当"的客观要求，也包括一定社会或阶层以戒律、格言等形式自觉概括的善恶标准和规范。

按社会文化发展的标准分类，人们的性行为基本可以分成符合所处文化环境规范（包括法律规范、道德规范、民俗规范等）的正常性行为，不符合所处文化环境的道德、民俗规范的反常或变态性行为，以及违反所处文化环境中法律规范的违法性行为。青春期心理健康教育，要帮助青少年认识到一切在违背他人意愿的情况下对他人实施的与性有关的行为，包括性侵犯、性骚扰等都是触犯法律的行为；即使是两情相悦的拥抱、亲吻这些边缘性行为，如果不分场合地进行，也是不符合我国社会民俗规范的。

三、性的决定

在当代社会，婚前性行为已经不再是一块禁区，并且也出现部分青少年过早品尝禁果的现象。青少年在回答有关性行为的问题时，并不会十分诚实和准确，男孩往往喜欢言过其实，而女孩则倾向于避重就轻。另外，由于性行为的隐私性，外力较难直接干预，但我们可以帮助青少年在决定做出性行为前，对各种相关知识进行充分地了解和认识。

首先，要帮助青少年了解性行为的意义。一般来说，人类性行为的意义至少可以被概括为以下几种：为了满足性欲、为了繁衍后代、为了表达感情、为了金钱利益、为了建立或保持某种关系等。在现实生活中，因为一时的情感或生理冲动而稀里糊涂发生性关系的青少年，可能对自己行为的意义并没有明确的认识，也没有考虑过自己这种行为方式是否恰当、后果能否承担，这需要家长或老师在青春期教育中就此内容进行相关指导。

其次，要让青少年认识到性行为不一定有利于增进恋爱关系。恋爱是婚姻的一个前奏阶段，其主要任务是在相互选择的基础上，双方进一步相互认识、加深了解、沟通情况、发展情感。如果过早发生性行为，很有可能导致双方偏重对生理层面的性的满足，而不是发展情感关系，甚至会导致亲密关系的破裂。尤其在青少年时期，许多学生情侣根本还没有考虑到婚姻的问题，加上恋爱关系本身就不够稳定和成熟，有些男生在性冲动之下会对女生提出性行为的要求，有的女生为了表达感情或担心影响两人恋爱关系会选择同意，到发现彼此不合适要分手时，往往又会因为这层性的关系而产生更多纠葛及心理冲突。我们的青春期教育，要引导青少年认识到不能被一时的感情冲昏头脑，要在做出性的决定前三思而行。

再次，要让青少年明白过早性行为对当事人身心健康的负面影响。由于没有掌握正确的性知识，身体发育尚不成熟等原因，青少年过早性行为，不利于男女双方身体的健康成长，还会导致精神紧张，因担心怀孕、担心暴露等原因而产生恐惧感、负罪感及懊悔情绪，从而对当事人的心理健康状态产生影响。

对于青春期少女来讲，过早性生活会产生许多严重后果。由于生殖系统发育尚不成熟，过早性行为可能造成阴道裂伤，发生大出血，同时因自身防御机能较差，很容易造成尿道、外阴部及阴道的感染，如控制不及时还会使感染扩散。另外，如不采取有效的避孕措施，还有可能怀孕。人流手术有损女性身体，有可能引起一系列的并发症，严重的还会导致习惯性流产，影响以后的生育能力，而且会给女性造成严重的心理创伤。

最后，向青少年宣传健康的性观念。如 ABC 安全健康性观念（A，abstinence，禁欲；B，be faithful，忠诚；C，condom，安全套），即学生时代主要精力还是应该放在学习上，恋人之间应相互忠诚，安全套是预防艾滋病等性传播疾病的重要工具。

在青春期的性健康教育中，要帮助青少年澄清一些认知的误区，让他们了解到各种相关知识和现实情况后，进一步增强自我保护观念和社会责任意识，从而做出更为审慎的决定。在避孕知识之外，还要告知女孩性行为后可能会出现的月经停止等早孕征兆。如果出现意外怀孕，一定要寻求成人的帮助，进行妥善处理，而不是自作主张，给自己的身心健康留下隐患。

第二节　拒绝性骚扰

现代社会，人际交往形式多样化，在虚拟空间或现实生活中，许多青少年都有可能受到不怀好意者的骚扰。还有部分青少年由于生理发育过程中性意识的萌发，因好奇或欲望驱使，也可能会出现不当行为，给他人带来困扰，有时自己并无觉察甚至不以为然。由于家庭、学校及社会相关教育的缺乏，有些受到骚扰的青少年，只是感觉到对方言行给自己带来了不适，缺少应对的方法和经验。帮助青少年认识性骚扰的特点和表现，从而及时进行判别和应对，对青少年健康成长很有必要。

一、性骚扰的识别

性骚扰是以言语、行为等各种与性有关的方式侵犯他人，是一种不受欢迎、不被接受的性注意力或带有性意识的冒犯或侮辱。换句话说，若某一方用各种带有性意味的方法去接近或尝试接近另一方，而另一方没有兴趣、不喜欢、不愿意或不想要这些带有性意识的接近，便可以说是性骚扰。其核心特征有两个，一是骚扰方的举动具有性的含义，一是被骚扰方的不认可和不同意。所以任何以言语或肢体等举动，做出有关性的含义、性的诉求、性的行为，使得对方产生不舒服、不安、焦虑、尴尬、侮辱或不被尊重的感觉，令对方感到不愉快的，都属于性骚扰的范畴。

性骚扰根据其表现形式，可以大致分为语言骚扰和行为骚扰两大基本类型。语言骚扰包括口头语言、书面语言及肢体语言三种骚扰形式。如以露骨的语言挑逗对方，向其讲述个人的性经历、黄色笑话或色情文艺内容；非必要而故意谈论有关性的话题，询问个人的性隐私，对别人的衣着、外表和身材给予有关性方面的评价等，都属于口头语言骚扰。口头语言骚扰在各种性骚扰形式中发生比例是比较高的。通过短信、微信、QQ信息、纸条、邮件等形式，表达一些与性有关的内容或要求，属于书面语言骚扰。故意吹口哨或作出接吻的动作、身体或手的动作具有性的暗示、用暧昧的眼光打量他人，或展示与性有关的物件，如色情书刊、海报等，使对方感到难堪，都属于肢体语言骚扰。

行为骚扰则可分为有身体接触和无身体接触两种性骚扰方式。有身体接触性骚扰，主要是指非必要的情况下触碰或抚摸他人身体，包括但不限于故意擦撞或紧贴他人、强行搭肩膀或手臂、伸手乱摸，侵犯对方隐私部位等，是比较常见的一种性骚扰方式。无身体接触性骚扰，包括但不限于自我暴露骚扰，譬如在公共场所公然暴露性器官；偷窥骚扰，在卫生间、浴室或商场试衣间等私密性场所进行偷窥等，也是一种行为上的性骚扰。

在性骚扰的识别上，我们除了要了解它的概念、特征及基本表现和类型外，还需要纠正一些常见的对性骚扰的认识误区。譬如，在一些人的观念里，只有女性，而且是年轻、漂亮、身材好的女性才会受到性骚扰。据调查显示，性骚扰事件的大部分受害者为女性，但事实上男性也会遭受性骚扰，只是机率偏低。另外，各种形形色色的性骚扰事件也说明，无论何人，不论性别、年纪、外貌、特征或背景，均有可能受到不同情况的性骚扰。

一般来说，人们常常会认为性骚扰应该都是相貌猥琐、素质低下的人才会干的事，实际上这种行为与骚扰者的性别身份、外形长相、文化深浅、地位高低以及与受害者的关系亲疏是没有必然联系的。不能想当然地认为他（她）不可能是那种人，只要发现对方行为可疑，就要对他（她）多加防范。另外，哪怕如恋人般的亲密关系，如果一方带有性意识的接触违背了另一方的意愿，也当视为性骚扰。

在校园生活中，有时候会出现个别学生对别人实施了性骚扰，自己还不以为然的情况，以为只是开个玩笑或"赞美"了一下对方。其实只要那些带有性意识的目光、言语或行为是不被对方接受或欢迎的，就构成了性骚扰。另外，还有人会认为，口头上"占占便宜"影响不大。我们应该意识到，不管任何形式的性骚扰，都会导致对方的尴尬、不舒服，或感到受侮辱和不被尊重，这种心理上的阴影是一种很大的伤害。

二、性骚扰的预防与应对

由于骚扰者或被骚扰者既可能是男性也可能是女性，所以无论男性、女性，都应该做出负责任的行为。在与人相处时，要注意彼此之间可以接受的亲密程度，并需要自我警惕，看看自己的行为是否被允许，时刻留意自己的言行举止，若察觉到所做的或所讲的会令对方不适或尴尬，就应该立刻停止。在与人相处时，其中最重要的原则，就是要尊重他人的意愿和顾及他人的感受。彼此要抱着互相尊重的态度，而且必须有良好的沟通，要坦诚地说出自己的意愿和感受，更要细心聆听和理解对方，从而避免自己行为不当。

（一）性骚扰者的心理类型

在学习应对性骚扰前，我们不妨先了解一下性骚扰者常有的几种心理类型。

一般来说，大多数性骚扰者的骚扰行为是出于补偿心理，由于长期性匮乏或性饥渴导致的一时冲动，使其对他人做出非礼的冒犯举动，把没能在正常渠道释放或宣泄的性欲望，通过对他人进行非正当的骚扰来得到满足和实现。而冲动心理多见于处于青春期的青少年，由于年轻、好奇，不懂得尊重他人，不具备应有的自制力而导致。此种骚扰多发生在熟人间，多以游戏和玩笑开始，骚扰者一般没有蓄意的伤害意识，多为满足自己的性好奇，体验与他人的性亲近等。还有就是权力心理，如老板对雇员、上司对下属，甚至老师对学生，骚扰者大都受过较好的教育，把比自己弱势的人视为"消费品"，且因为明显的利益关系，他（她）甚至认为对方喜欢这种骚扰，并把这种骚扰看作自己优势地位的体现。另外，还有一种是病态心理，如所谓的窥阴癖或露阴癖的男性骚扰者，大都存在一定的性心理障碍，骚扰行为本身就能给他带来强烈的性冲动、性幻想和性满足。性骚扰者有时可能不仅仅属于一种类型，而是处于几种心理状况的交叉状态。但不管骚扰者出于什么心理，他们都明白自己的行为是不正当和为人所不齿的，所以正确的防卫常常都是奏效的。

（二）性骚扰的应对

在性骚扰应对方式上，一般容易存在这样两个误区：要么退让隐忍，希望对方适可而止；要么反应强烈，恨不能一雪前耻。这两种反应其实都不可取，不管在什么情况下，任何的应对方式都应该以有效保护自己为原则。对于有性骚扰行为的人，应及时回避并采取相关措施，千万不要忍气吞声或装聋作哑，这样对方肯定会得寸进尺；但是反应也不要太过，以免激怒对方，造成更严重的伤害。所以一旦遭到性骚扰，既不要惊慌失措，也不要使用伤害性语言激怒对方，在这个时候，被骚扰者的镇静、勇敢和机智非常重要。许多实例证明，遭遇性骚扰时，任何紧张恐惧、惊惶失措、胆怯软弱反应都有可能助长骚扰者的邪念，最终还有可能导致性侵犯的发生。在遇到性骚扰事件时，应采取正确的应对之策。

1. 保持头脑冷静镇定，并明确表达拒绝的态度

遇到不舒服的感觉时，要相信自己的直觉，并保持冷静。从一开始便要表明拒绝态度，包括使用厌恶或愤怒的表情、简单明了的语言、坚决果断的行为等，隐瞒或不示意自己的态度会让对方以为是被接受的。而拒绝的态度必须前后一致，否则会引起对方探究的心理，以为被骚扰者只是半推半就而已。不要抱着轻视或置之不理的态度，忍耐或逃避肯定解决不了问题；但也不可过分敏感，对性骚扰的反应太过激烈，避免激起对方的攻击欲望。

2. 及时进行沟通或使用身体上的防卫

性骚扰超越了自身可以接受的亲密界线，因此无论男性或女性，遇到性骚扰时必须慎重地表明立场及可以接受的界线。要明确、平静、清楚地告诉对方自己的不悦，请对方尊重自己，也请对方自爱自重。对于不肯罢休的骚扰者，可以使用身体上的防卫，如用发夹扎其手、用鞋跟踩其脚、用膝盖顶其胯等，也可快速抽身离开。

3. 积极向外界寻求帮助

在偏僻场所遭遇性骚扰时，要奋力跑向人多的地方，利用人群力量吓退性骚扰者；如果在公众场合遭遇性骚扰，当事人又比较势单力薄，那么可以随时向身边的人求援，或巧妙周旋，找机会"逃走"。当熟人、亲友、长辈有不轨行为时，要勇敢地反抗，同时也可以求助父母、家人和能够保护自己的人。若是经常发生的性骚扰，就必须将发生的时间、地点，和对方的语言、行为记录下来，以便作为日后投诉的证据，情节严重的可直接向公安局、法院进行告发和寻求保护，未成年人可以申请法律援助，并可由父母和律师代理出庭。

三、性骚扰的处理

（一）情节严重的性骚扰

对于日常发生频率较高但情节相对轻微的性骚扰，上述的应对措施一般都是比较有效的，可以帮助青少年迅速摆脱性骚扰情境或避免事态进一步发展。但有一些情节比较严重或持续进行的性骚扰，则会给当事人带来比较大的伤害，主要表现在以下几个方面。

（1）侮辱受害人的人格和名誉。人格和名誉在世界范围内都是得到普遍尊重的个人权益的重要方面。被人强迫提出性要求或被人实施性骚扰时，会严重伤害受害人的人格和名誉，损害受害人的自我形象、自尊、自信，尤其对自我意识尚未完全形成的青少年，更会导致其自我评价显著降低。

（2）损害受害人的心理健康。性骚扰会损害受害人的心理健康，给受害人造成沉重的心理负担，导致受害人产生多种消极情绪。经历了性骚扰的青少年，往往容易产生严重的情绪创伤，背上沉重的心理负担，经常感受到紧张、烦躁、内疚、困惑、恐惧等消极情绪，产生悲观、沮丧甚至绝望等情绪。

（3）引起受害人的身体损害。在遭受性骚扰后，受害人会产生消极情绪和不良的身体反应，包括头痛、恶心、消化不良、梦魇盗汗、失眠紧张、浑身无力等。如果这些身心反应长期存在，会使受害人的身体健康受到严重影响。在极少数严重的情况下，持续进行的或者是后果严重的性骚扰，可能还会引起受害人的自杀念头甚至自杀行为。

（4）影响受害人人际交往，特别是异性交往。遭受过性骚扰的人，容易对他人产生不信任感，尤其会增加对异性的厌恶和恐惧，生活在恐惧、怀疑和压抑之中，以致严重影响他（她）对整体异性的看法。还有部分遭受过性骚扰的人，在被骚扰后的一段时间里会出现"性骚扰恐怖症"的一些症状，总是反复担心、恐惧自己会再次遭受别人的骚扰。

（二）青少年的自我防范

对于性骚扰，最佳处理方式就是尽量避免和减少相关事件的发生。涉世未深的青少年应提高自我保护意识与自我防范能力，家长和老师应提醒他们注意以下方面。

在日常生活中，青少年应避免穿着过于暴露的服饰去人群拥挤或僻静的地方；上学、放学或外出游玩时，应结伴而行，不独自一人到河边、山坡、树林等偏僻处；晚上最好不要一个人单独出门，更不能赌气离家出走，尽量不在别人家过夜；不到僻静的地方去，不在深夜单独一人在偏僻小巷行路；不去营业性歌厅、舞厅、酒吧，不单独或随家长以外的人去宾馆、饭店等封闭的空间。外出时，尤其在陌生的环境，要注意那些不怀好意的尾随者，必要时采取一定的躲避措施。对于有性骚扰行为的人，应及时回避和报警，不可优柔寡断、犹豫不决。万一遭遇性骚扰，尤其是性暴力，应大声呼救。

青少年不要轻信任何自己还不了解的人，拒绝与陌生人单独会面。对于过分热情的所谓"好心人"，要提高警惕，不单独和这样的人共处，尤其不和不熟悉的人单独待得太久或太晚。对言谈举止轻浮、有不良企图的人，不管是同性还是异性，尽量避免单独与之来往。不贪小便宜，不接受别人的小恩小惠，未经家长同意，拒绝接受任何成年人的礼物。独自在家时，应拒绝陌生人进门。另外，也不要单独和熟识异性相处过久，不与熟识异性谈论有关身体隐秘部位的敏感话题，更不能与熟识异性一起看"少儿不宜"的影片、光碟、书刊等。当遇到熟识异性向自己提出非分要求时，应保持镇定，用理智的态度坚决拒绝，态度要鲜明，并尽快离开尴尬之地，必要时要寻求家人或朋友的帮助。

如果不幸遭遇性骚扰事件，如前所述，青少年可能会出现恐惧、焦虑、抑郁等不良情绪；会有难以入睡、精神无法集中、高度紧张等不适反应。有相当数量的当事人尤其是未成年人，在遭遇性骚扰后会将事情闷在心里，这对当事人的身心健康不利，也不利于事件的善后处理。作为家长和老师，应该及时发现青少年的异常状态，给予关心，并进行正确的引导，让青少年将情况告诉可以帮助到自己的家人和值得信赖的老师，以获得情绪的宣泄和排解。如果情节严重，应及时向上级或有关部门反映，求得相应的帮助和支持。纵使事情解决了，也要鼓励青少年与人倾诉，寻求支持及防止事情再发生；若事情还未解决，则必须与青少年沟通，一起想出办法以阻止事情继续发生。如果受害者一直无法走出被骚扰的心理阴影，建议及时进行心理咨询，以获得专业的心理援助和心理干预。

(三)受害青少年的心理调适

首要的心理调适，是通过放松训练帮助受害青少年的内心平静下来，尽量减少各种负性情绪的影响。放松技术也称为松弛训练，是一种帮助当事人探索如何处理压力的方式。在对各种应激障碍的处理中，放松技术是常用的心理行为训练技术，包括深呼吸放松、肌肉放松、冥想放松等各种简单易学、易于操作的方法。

在情绪逐渐平复之后，再引导受害青少年对该事件做出一个理性的认识和评价。要引导当事人认识到遭遇性骚扰并非自己不好，而是对方居心不良、行为不端，任何人均有权利保护自己免受性骚扰，有权去拒绝任何不想接受的、与性有关的接触，因此不必自责或自咎。另外，性骚扰者也只占人群中非常小的一个比例，没必要每天提心吊胆，也不要"一竿子打翻一船人"。只要增强自我保护意识，提高自己的防范和应对能力，完全可以避免此类事件发生。

另外，还要积极借助社会环境的调适作用。有时"性骚扰"这三个字本身就是一种对人们道德观念的冲击，它所造成的心理伤害远远大于身体伤害。受到性骚扰，不仅被骚扰者会自责，而且其身边的人也可能会在对其进行道德评价时出现偏差。这些反应会因为事情的严重性，或当事人拥有的社会、家庭、朋友支持程度的不同，而有深浅不同的影响。如果仅仅只是围绕受害青少年进行干预，还是远远不够的，只有积极借助外部资源，使影响个体的社会系统发生改变，受害者才会得到持续解决问题的能量，才可以真正帮助受害者获得良好的治愈。

第三节　防艾与关艾

艾滋病病毒具有极强的传染性，但它的传播也是需要特定途径和条件的，可以通过规范人们的社会行为实施阻断，是能够进行有效预防的。另外，关心、帮助和不歧视艾滋病病人及艾滋病病毒感染者，鼓励他们参与艾滋病防治工作，也是预防与控制艾滋病的重要一环。

一、艾滋病与艾滋病病毒

艾滋病是一种由艾滋病病毒侵入人体后破坏人体免疫功能，使人体发生多种不可治愈的感染和肿瘤，最后导致被感染者死亡的一种严重传染病。艾滋病全称为"获得性免疫缺陷综合征"（Acquired Immune Deficiency Syndrome，英文缩写为 AIDS），获得性指非遗传所致，而是后天在一定条件下获得；免疫缺陷指患者免疫系统严重被损；综合征指患者的多个系统受到损害，机体出现几种疾病的综合症状和病理征象。因此，艾滋病也被称为"超级癌症"和"世纪杀手"。

艾滋病病毒（英文缩写为 HIV）是一种极小的微生物，医学名称为"人类免疫缺陷病毒"。该病毒复制速度快，主要破坏人体具有免疫功能的 CD4＋T 淋巴细胞，可以在血液、精液、阴道分泌液、乳汁中存活。目前尚无技术能够完全清除人体内的艾滋病病毒，但病毒在干燥环境中会很快死亡，一般消毒剂能将其杀灭。

人类天生具有免疫功能，当细菌、病毒等侵入人体时，在免疫功能正常运作下，就算人生病了也能治愈。然而，艾滋病病毒破坏人的免疫系统，使人体丧失抵抗各种疾病的能力并终生感染。艾滋病病毒本身并不会引发任何疾病，而是当免疫系统被其破坏后，人体由于失去抵抗能力而感染其他的疾病，最终导致各种复合感染而死亡。

从感染艾滋病病毒到发病有一个完整的自然过程，这个过程可分为四期：急性感染期、潜伏期、艾滋病前期、典型艾滋病期。不是每个感染者都会完整地出现四期表现，但每个疾病阶段的患者在临床上都可以见到。四个时期不同的临床表现是一个渐进和连贯的病程发展过程。

1. 急性感染期

急性感染期通常发生在初次感染艾滋病病毒后的 2~4 周，临床主要表现为发热、咽痛、盗汗、恶心、呕吐、腹泻、皮疹、关节痛、淋巴结肿大及神经系统症状。多数患者临床症状轻微，持续 1~3 周后缓解。急性感染期时，症状较轻微，容易被忽略，窗口期也在这个时间。当发热等周身不适症状出现后 5 周左右，血清艾滋病病毒抗体可呈现阳性反应。此后，临床上出现一个长短不等、相对健康、无症状的潜伏期。

2. 潜伏期

潜伏期指的是从感染艾滋病病毒开始，到出现艾滋病临床症状和体征的时间。感染者可能没有任何临床症状，但潜伏期不是静止期，更不是安全期，病毒在持续繁殖，具有强烈的破坏作用。艾滋病的平均潜伏期为 6~8 年，这个时期长短因人而异，短的可能只有数月，长的可达 20 年左右。这对早期发现及预防都造成很大困难。

3. 艾滋病前期

此时期为潜伏期后开始出现与艾滋病有关的症状和体征，直至发展成典型的艾滋病的一段时间。这个时期，病人已具备了艾滋病最基本的特点，即细胞免疫缺陷，只是症状较轻而已。主要的临床表现有淋巴结肿大、病毒性疾病的全身不适、肌肉疼痛等症状以及各种感染。此时期除了上述的浅表淋巴结肿大和全身症状外，患者还经常出现各种特殊性或复发性的非致命性感染。反复感染会加速病情的发展，使疾病进入典型的艾滋病期。

4. 典型的艾滋病期

有的学者称此时期为致死性艾滋病期，是艾滋病病毒感染的最终阶段。此时期具有三个基本特点：严重的细胞免疫缺陷、发生各种致命性感染及各种恶性肿瘤。在艾滋病的终期，人体免疫功能全面崩溃，病人出现各种严重的综合征，直至死亡。

由艾滋病的四期表现可知，确诊艾滋病或病毒感染不能光靠肉眼所见的临床表现，最重要的依据是血液检测是否为阳性结果，所以不管怀疑自己还是别人感染艾滋病病毒，都应当及时到当地的卫生检疫部门做医学检查，而不是自己凭感觉乱下诊断和结论。

二、艾滋病病毒的传播途径与条件

（一）传播途径

艾滋病病毒传播主要有性传播、血液传播和母婴传播三种途径。

1. 性传播

艾滋病病毒可通过性交传播，即与已感染的伴侣发生无保护的性行为，包括同性、异性性接触。艾滋病病毒存在于感染者的精液或阴道分泌物中，性交很容易造成细微的皮肤黏膜破损，病毒即可通过破损处进入血液而使人感染。

2. 血液传播

血液传播包括直接的血液或血液制品传播，譬如需要输血的病人或有些病人（如血友病）需要注射由血液中提取的某些成分制成的生物制品，如果这些血液中有艾滋病病毒，接受输血或使用血液制品者的病人就有可能感染艾滋病病毒。另外，与血液传播途径相关的还有共用针具，即使用不洁针具导致艾滋病病毒传染，如吸毒者与他人共用被艾滋病病毒感染者使用过的注射工具，在医院里使用被血液污染而又未经严格消毒的注射器、针灸针、拔牙工具等。

3. 母婴传播

如果母亲是艾滋病病毒感染者，那么她很有可能会在怀孕、分娩过程中或通过母乳喂养使她的孩子受到感染。如果母亲在怀孕期间，服用有关抗艾滋病的药品，婴儿感染艾滋病病毒的可能性就会降低很多，甚至完全健康。但是，有艾滋病病毒的母亲绝对不可以用自己的母乳喂养孩子。

（二）传播条件

艾滋病病毒的传播是有条件的，即有足够量的病毒从感染者体内排出，排出的病毒要经过一定方式传递给他人，并有足量的病毒进入对方体内。据研究，在室温条件下，液体环境中的艾滋病病毒可以存活15天，被艾滋病病毒污染的物品至少在3天内都有传染性。近年来一些研究证明，离体血液中艾滋病病毒的存活时间决定于离体血液中病毒的含量，病毒含量高的血液，在未干的情况下，即使在室温中放置96小时，仍然具有活力。即使是针尖大小的一滴血，如果遇到新鲜的淋巴细胞，艾滋病病毒仍可在其中不断复制，仍可以传播。病毒含量低的血液，经过自然干涸2小时后，活力才丧失；而病毒含量高的血液，即使干涸2~4小时，一旦放入培养液中，遇到淋巴细胞，仍然可以进入其中，继续复制。所以，含有艾滋病病毒的离体血液仍可以造成感染。但是艾滋病病毒非常脆弱，液体中的艾滋病病毒加热到56度，10分钟即可灭活。如果煮沸，可以迅速灭活；37度时，用70%的酒精或10%漂白粉、2%戊二醛、4%福尔马林、35%异丙醇、0.5%来苏水和0.3%过氧化氢等消毒剂处理10分钟，即可灭活艾滋病病毒。

尽管艾滋病病毒传染性很强，但它也有自身的一些弱点，它们只能在血液和体液中的活细胞中生存，不能在空气、水和食物中存活，离开了血液和体液，这些病毒会很快死亡。因此，与艾滋病病人及艾滋病病毒感染者的日常生活和工作接触，如握手、拥抱、共餐，共用办公室、公共交通工具、公共浴室、游泳池、马桶、浴盆、电话机等公共设施都没有传播的风险，也不会经咳嗽、打喷嚏、蚊虫叮咬等途径传播，甚至接触艾滋病病人的衣、被、钱等一般生活用品，或汗液、泪液、唾液、尿液等都不会导致感染艾滋病病毒。如果和病人共用个人卫生用品，可能被传染；但正常照顾艾滋病病毒感染者或艾滋病病人，不会被传染。所以对待艾滋病病毒的传播问题，既不能漠不关心或掉以轻心，也不必过于恐慌。

在艾滋病预防措施上，现阶段最现实、最有效的办法是针对其传播途径，通过健康教育和行为干预来规范和改变人们的行为。通过规范行为，来阻断艾滋病病毒通过性、血液和母婴传播；同时，在医疗卫生保健机构规范各项操作，防止医源性传播。

另外，被艾滋病病人侵犯或暴露在艾滋病病毒感染风险之下，要及时服用艾滋病阻断药。2小时内及时进行预防性用药的效果最佳，阻断成功率在99%以上。随后成功率开始逐渐下降，但72小时内仍有较高的成功率，被称为黄金72小时。因为阻断药物会对身体造成一定的不良反应，所以不能随便乱吃，有明确暴露史的人群才有必要接受阻断药物治疗，具体包括与艾滋病患者或疑似病毒携带者发生没有安全措施的性行为；开放的伤口或黏膜组织接触到艾滋病患者或病毒携带者的血液；被带有艾滋病病毒感染血液的针具刺伤等情况。

三、自我珍爱与社会关怀

除了艾滋病外，经性途径传染的性病还有淋病、梅毒、非淋菌性尿道炎、尖锐湿疣、软下疳、生殖器疱疹、性病淋巴肉芽肿、滴虫病等。以上疾病都是可以通过我们自身的行动来有效预防的。

1. 洁身自爱，遵守性道德

洁身自爱，遵守性道德，是预防经性途径传染艾滋病及其他各种性病的根本措施。落实在行为中，就是未成年的青少年不发生过早性行为，成年人与固定性伴侣保持单一的性关系，在性行为中正确使用安全套等。

2. 珍爱生命，拒绝毒品

除性传播外，静脉吸毒也是我国艾滋病病毒传播的一个主要途径，而且传播速度快，范围不断扩大。我们要珍爱生命，拒绝毒品，更不能与他人共用注射器。

3. 安全用血，不参与买卖血液

在艾滋病病毒所有的传播方式中，血液传播由于直接进入人体，且病毒量较大，所以是几种传播途径中潜伏期最短、发病较快且最致命的一种方式。在输血和输血液制品时，我们一定要注意安全。

4. 注意生活细节，个人卫生用品不和别人混用

个人卫生用品要保证个人专用，不借用或共用牙刷、剃须刀、刮脸刀等个人物品。因为在刷牙或刮脸的时候，容易造成皮肤损伤，这些损伤可能察觉不到，而一旦借用者是艾滋病病毒携带者，则有可能造成感染。另外，美容、文身、用不消毒的公用器具修脚等，也极易造成皮肤破损，存在被感染的风险。

5. 到正规医院（诊所）诊治

到不正规的医院（诊所）手术、输液、查体、拔（补、洗）牙、针灸等都有感染艾滋病病毒的风险。我们要到正规的医院（诊所）诊治。

6. 有问题及时检测，不讳疾忌医

如果怀疑自己感染了艾滋病病毒，那么一定要到卫生行政部门指定的医疗机构去检查。全国各大医院、卫生防疫站、性病防治机构均是获准的检验机构。正规医院能提供正规保密的检查、诊断、治疗和咨询服务。必要时可借助当地性病、艾滋病热线进行咨询，千万不要找"游医"进行检查治疗。

在自觉选择文明、自爱的生活方式，珍惜自己的健康和生命之外，我们还要给艾滋病病人多一些善意和关怀。

因为歧视，许多艾滋病病毒感染者隐瞒病情，成为隐匿于健康人群中的危险因素；因为歧视，许多有高危行为的人拒绝接受艾滋病病毒检测，不仅加大了自己感染艾滋病病毒的危险，而且危及与其接触的人；因为歧视，许多艾滋病病毒感染者和病人得不到应有的帮助和治疗，生活困难……

我们应当关心、关怀艾滋病病人和艾滋病病毒感染者，他们是疾病的受害者，应该得到人道主义的同情和帮助。家庭和社会要为他们营造一个理解、友善的生活和工作环境，鼓励他们采取积极的生活态度，杜绝危险行为，配合治疗。这既有利于提高他们的生命质量、延长生命，也有利于艾滋病的预防和维护社会安定。艾滋病威胁着每一个人和每一个家庭，预防艾滋病是全社会的责任。

参考文献

[1]劳伦斯·斯坦伯格. 青少年心理学［M］. 梁君英，董策，王宇，译. 北京：机械工业出版社，2015.

[2]戴维·迈尔斯. 迈尔斯心理学［M］. 黄希庭，等，译. 北京：人民邮电出版社，2011.

[3]彭瑾. 性的含义及其本质［J］. 中国性科学，2009，18（08）：5-9，13.

[4]张根田. 性骚扰与强奸防范手册［M］. 北京：世界知识出版社，2015.

[5]林鹏，何群，万卓越. 艾滋病预防与控制［M］. 广州：广东科技出版社，2004.

第五章　家庭的任务

　　许多观点认为，青春期阶段的青少年的最大特点就是独立，那么他们与家长对立就是理所当然的事情，叛逆是不可避免的，以至于大部分家长认为青春期阶段孩子与家长的关系会紧张。而家长越是相信自己将会与青春期的孩子度过一段艰难的过程，他们在现实生活中遇到的困难就越多，这其实就是一种心理暗示。大量调查显示，孩子处于青春期阶段的家庭，若成员关系紧张，其实在孩子青春期之前，家庭成员关系就相对紧张；而那些之前关系比较健康的家庭，在孩子青春期阶段，关系往往更加紧密。本章从家庭的意义、家长的责任、家庭的沟通三个方面探讨家庭对青春期阶段的青少年的影响，探讨孩子处于青春期阶段时，家庭关系的变化及应对方法。

第一节　家庭的意义

青春期阶段的青少年独立意识快速发展，不愿意一味听从家长教导，更希望用自己的思维方式看待周围的事物，总是希望自己探索和理解世界。在信息爆炸的时代，青少年对家庭产生了更多不同的看法。儿童阶段，个体对家庭更多的是依赖，进入青春期后，个体重新审视自己的家庭，希望从家庭走出去，有更多的社会交往。在朋辈交往的过程中，青春期的青少年开始重新评价自己，常把对自己的一些负性评价归结为家庭因素。许多青春期的青少年对自己的家庭并不满意，对家长的教养方式提出挑战，希望摆脱家长的管束，认为自己可以独自成长，但是他们又离不开家庭。有的家长面对青春期的青少年束手无策，他们希望通过自己的方式与孩子进行沟通和交流，但是收效甚微。面对青春期阶段的孩子，家长要了解其心理发展的基本规律和发展动因，明确家庭存在的意义，使自己变成孩子青春期阶段成长的协助者、陪伴者，从而，帮助青春期的孩子更好地完成社会过渡的过程。

一、家庭关系的变化

家庭生命周期有不同阶段，每个阶段都有一些问题需要解决，若要顺利通过家庭生命周期的各个阶段，家庭成员需要尽力担负起各自在各个阶段的责任。美国人类学学者格里克在1947年提出家庭生命周期的概念，他认为家庭生命周期分为六个阶段：形成阶段、扩展阶段、完成阶段、收缩阶段、收缩完成阶段和解体阶段。这六个阶段基本对应的生活事件是：成人及恋爱阶段、新婚家庭阶段、有儿童的阶段、有青少年的阶段、孩子离家及成家阶段、生命晚期的家庭阶段。有青少年的阶段正是家庭生命周期的完成阶段，此时孩子的年龄在6~18岁，家庭关系相对稳定，夫妻关系基本磨合结束，孩子成为家庭的焦点，但此时的孩子却进入了青春期，希望独立，这样家长和孩子就容易形成控制与挣脱的对立局面。

孩子进入青春期后，与家长的关系由崇拜和依赖转变为挑战与反抗，这就是我们通常说的叛逆。一部分孩子，表现为在知识权威方面挑战家长，认为家长说的也不一定全对，对家长的绝对权威提出质疑，开始寻求更多的信息渠道；当他们通过同伴或者其他渠道了解一些信息后，就会和家长做更深入的讨论，希望在家庭中有一定的话语权。有人称这是"热叛逆"。而另一部分孩子，则表现为不和家长说话，把自己关在房间里，用离家出走或者不上学为说辞，要挟家长满足自己的不恰当要求。

孩子的青春期是家庭成员的关系和交流方式发生改变的一个重要时期。家庭系统理论认为，当家庭环境或者单个的家庭成员发生改变的时候，家庭关系也会发生改变。青春期是儿童向成人过渡的时期，这个时期青少年要完成生理的过渡与社会的过渡，并形成自主意识。

（一）生理的过渡

青少年青春期阶段的生理变化，首先表现在形象的变化上，如身高接近甚至超过家长、第二性征的发育等，这些变化反过来会影响他们的行为。比如处于发育阶段的男孩觉得自己已经和父亲一样高，力气甚至超过父亲，他就不愿意再接受母亲无微不至的照顾，觉得自己长大成人，要独立了；在行为上，就表现为挑战家长的权威，做成年人才可以做的事。青少年此时希望获得更多的自主权，有更加独立的愿望，他们希望得到成年人的待遇，在自己的事情或者家庭事务中有一定的话语权，这样就打破了儿童时期孩子与家长的亲密关系中的平衡，不再只是服从和崇拜。当青少年的想法不全面或者欠妥当的时候，就会引起家庭成员关系的紧张和冲突，但是这不需要过多担心，他们只是在建立一种新的平衡。

此时的家庭最主要的功能是给青少年提供更多的安全感，孩子生理上出现了新的"学步期"，家长要像小时候带领他们学走路一样，不搀扶、不拖拽，只是在安全距离内让他们小心试探。此阶段的青少年还是懵懵懂懂地探索，他们还不能很好掌握自己的"力度"，所以家长要给孩子提供一个包容、接纳的环境，为他们的每一次进步鼓掌喝彩，而不是压制、控制、反对孩子有不同的声音。

（二）社会的过渡

随着青少年的成长，他们将有更多的社会角色，会离开家庭寻找更多的朋友，参加社会事务，获得更多的信息。特别是网络时代，青少年有更多渠道了解有关信息，有更多自己的想法和意见。但是部分家长总是将青少年排除在成人世界之外，很少给予他们足够而直接的训练来应对成人世界。还有部分家长希望孩子专心学习，不要参与过多的社会活动，担心孩子会被不良信息影响，但青少年心理发展的任务，要求他们向外发展社会交往功能，学习与他人交往的方式与技巧，从而形成人际关系中的自我应对策略，为自己向成年人过渡做好准备。

家长应该提供更多的机会让青少年锻炼和成长，在这个过程中指导和协助他们发展，而不是一味否定和隔离。比如在青少年交友方面，家长需要更多地了解孩子的朋友，指导孩子如何选择朋友以及人际交往的技巧。虽然家长担心孩子可能会受到不好的影响，但是只有教给孩子辨别是非的能力，他们才能应对千变万化的外界环境。此外，家长也需要向青少年提供处理家庭关系和参加家庭活动方面的指导。家庭成员相处模式只有在家庭中才能形成，代际传递最突出的表现就是家庭教养方式的传承。家庭是孩子未来独立生存的模仿对象，所以家长在孩子青春期阶段，应该做出良好的行动示范。

（三）自主和依恋

青春期阶段的青少年心理发展的主题是形成自主意识，能够独立面对家庭以外的人和事。他们虽然有独立和自主的意愿，想积极表达自己的意见和观点，但是并没有和家长完全割裂，仍然依恋家长，与家长保持紧密的联系。在一个心理发展良好的家庭中，青少年会经常发表自己看法，有的时候甚至与家长争吵，但是家长仍会鼓励他们表达自己观点，同时明确告知青少年考虑他们的行为将如何影响家庭其他成员。

如果一个家庭的环境是安全并且充满爱的，那么孩子就能够通过表达自己独立自主的想法，培养出高度的自尊心和更加成熟地处理问题的能力；相反，如果一个家庭不允许孩子表达自己的观点，那么孩子就容易产生抑郁情绪，缺乏自尊，并更容易产生行为问题。据研究，青少年通过与家长的争执、讨论，会在社会认知方面得到积极锻炼，有助于形成正确的价值观，他们能够比那些与家长的意见完全一致或者完全不一致的青少年更好地适应和调整自己，而那些与家长依恋关系比较差的青少年，则会出现更多的行为问题。

比如过早发生性行为、在小群体中出现欺凌同学或者被同学欺凌的现象等。青春期阶段的青少年与家长的关系是在安全依恋基础上的独立自主，因此家长要在提供全心全意的爱的基础上，鼓励孩子提出自己的意见和想法。

二、家庭功能的变化

家庭的基本功能是指家庭要为成员生理、心理和社会支持等方面的发展提供一定的环境条件。家庭需要完成一系列的任务去实现这一基本功能，比如满足孩子在学习和生活等方面的物质需要，为家庭成员的发展提供必要的条件，关心、协助家庭成员的成长，应付和处理家庭突发事件等。

（一）家庭在儿童早期的功能

在儿童早期，家庭的主要功能是给孩子生理方面的照顾和安全依恋感的建立，让孩子形成安全稳定的心理发展基础。多项研究表明，在婴幼儿时期，家长需要给孩子提供足够的情感支持，让孩子感到爱和温暖。

亲子关系在孩子的成长过程中有重要的功能，可以促进儿童的心智成熟，促进其社会功能发育。

（二）家庭在孩子青春期阶段的功能

孩子进入青春期后，家庭的功能从给予生理抚养和情感依恋转向促进孩子独立和自我意识发展，帮助孩子形成自我统一，提升自我价值感。著名心理治疗师维吉尼亚·萨提亚认为，家庭才是可以提高自我价值感的地方。刚出生的婴儿没有过去，也没有如何看待自己的经验，更没有衡量自我价值的标准，婴儿只能通过与人接触，根据别人对自己的看法来形成自我价值观。在长到五六岁之前，孩子的自尊是通过家庭这个外在因素建立起来的，在上学之后，其他的因素也会有影响，但家庭的作用仍然很重要，家长的一言一行、一举一动或者一个面部表情都是一种信息，会影响孩子对自我价值的判断。家长对孩子价值的认同是任何其他社会关系不能替代的。青少年要想改变自己，独立成长，在朋辈交往中获得自信，就要从家长的接纳开始。

在婴儿时期和孩童时期，家庭对孩子的功能和责任是抚养、保护和社会化，而在孩子青春期阶段，这些功能仍然重要，但青少年需要的支持多于抚养，引导多于保护，指导多于社会化。家庭功能从孩童时期到青春期的转变并不容易，部分家长不愿意放手让孩子自我发展，尤其是在当代社会，过度保护的现象尤为严重。还有部分家长不愿意在孩子的世界里做配角，但如果以爱的名义操控孩子，对孩子的自主性发展是非常不利的。

青春期阶段是青少年自我同一性形成的阶段，他们会将别人的看法和自我评价进行整合。在这个过程中，家庭是一个安全的避风港，当孩子遇到困难、迷茫和困惑时，家庭成员应该给予更多的支持与理解。此时的家庭更像是一个训练场，为孩子提供模拟训练，在包容的环境中，让孩子形成自信、乐观、高度自我认同的个性。

第二节　家长的责任

家长在孩子的成长过程中有着非常重要的责任，而且在孩子成长的每个阶段的责任又有所不同。本节将通过群体交往、休闲娱乐、自我认同、独立自主、亲密关系等几个发展主题，探讨家长在青春期孩子成长过程中的责任边界，帮助家长明确自己的责权范围，在协助孩子成长的同时给予更多的自主发展空间，帮助孩子更好地独立成长，尽快完成自己的角色转换。

一、青少年的真实诉求

我们常发现，虽然青春期的孩子开始叛逆和独立，但是他们很少在大事上和家长发生分歧，他们通常会为了出门穿什么衣服，晚上应该几点回家，是否打扫房间，周末早晨几点起床这些琐碎的小事和家长争吵，认为家长在这些细节的问题上管教过多。这说明，青少年并不是为了叛逆而叛逆，在大的决策面前，包括涉及道德及安全方面的问题，他们会征求并听从家长的意见，但是在个人问题上，他们更愿意遵循自己的想法或者朋友的建议。由此可知，家长在与青少年沟通和交流的过程中，要注意谈话的主题和管理的边界。因为青少年的认知有了巨大的发展变化，他们需要独立自主地决定和分析一些事情，如果还像对小孩子一样事无巨细地管理他们，他们会从内心产生一种抗拒。但如果全部放手让孩子自己去做，他们有时候也并不能完全胜任。

家长和孩子要明确各自的责任范围，家长只在合理的边界内负起自己的责任，比如在孩子学业发展、未来规划、道德要求、生命安全等方面给予关注，尽量用协商的语气交流。对于对孩子影响不是特别大的问题可以放手，让他们独自处理一些情况，这可以满足孩子独立自主的需要，帮助他们顺利成长。

二、家长在青少年发展主题中的责任

家庭是青少年成长的重要环境系统，家长是青少年发展的重要社会支持

系统，青春期阶段的青少年发展离不开家庭关系及家长行为的影响，这种影响远远大于学校及其他社会环境的作用。家长必须明确青春期阶段青少年发展的主题，以及在每个主题中自己应该负起的责任，担当起自己的角色，协助青少年健康成长。

（一）青少年群体交往管理

由于青春期阶段的生理、认知和社会角色的转变，青少年在这个时期渴望脱离家长，更多地和同龄人交往。生理的发展促使青少年开始对异性产生兴趣，认知的发展使青少年可以将不同的人按类型分成不同的群体，社会角色的转变使青少年不得不努力寻找志趣相投的同龄人来组建新的社交圈。正是这些原因促使青少年积极参与到同龄人的群体活动中去，这些群体有着相同的兴趣爱好和特质，他们对自己选择的群体都有着高度的认同感。而群体反过来对青少年的行为、活动和自我意识也有很重要的影响，青少年必须做一些符合所在群体的目的和价值观的行为。比如说班级中的"学霸"团队，会带领成员继续保持优异的成绩，而有不良行为的团体则会影响团体中的成员行为不良。

根据社会学家韦恩·奥斯古德的研究，如果青少年过多参与没有成年人监督的社会活动，将增加他们犯罪及问题行为的概率。也就是我们通常所说的，如果任由青少年长时间一起参加没有家长参与且没有目的的外出活动将增加他们犯罪及问题行为的发生。因为青春期阶段的青少年更容易受到同龄人的影响，如果能够防止他们发生问题行为的成人不在身边，他们容易根据自己的想法进行活动，加上他们对新鲜事物的好奇以及辨别能力的缺乏，会出现模仿社会不良行为的现象。这种现象在农村留守青少年中特别明显，如他们吸烟的行为明显比有父母在身边的孩子要多。还有一些青少年经常会在晚上出去玩，甚至夜不归宿，这就增加了过早性行为甚至犯罪的可能性。

家长要时刻关注和监督青少年的社会交往群体，但是管理和干预的方式方法要适度和恰当。一般来说，青少年特别不希望家长过多干预自己的交友事宜，如果家长单刀直入地说他们朋友的坏话，否认朋友存在的意义，他们会立刻表现出反抗，甚至越是让他们不要和什么样的人来往，他们偏偏要和这样的人成为朋友，而且交往频繁。为了表现出自己的独立，他们甚至会选择离家出走，和自己的朋友在一起。

家长需要充当导师的角色，增加对孩子的关怀。家长可以充分信任自己的孩子，但要减少他们参与不良群体的机会，减少孩子问题行为的发生。家长在此阶段不可过于放任孩子的课余活动，但是管理仍然需要方法。可以限定每周外出活动的次数及时长，尽量在白天外出，避免夜不归宿，特别是女孩子一定要规定晚上回家的时间。家长与孩子的沟通需要技巧，不可反复唠叨，在外出次数和时长的问题上可以采取民主协商的方式，让他们感觉到自己的自主权；在晚上外出回家的时间以及留宿外面的问题上，一定要坚持原则，维持家长的权威，不论何种理由，尽量避免青少年夜不归宿。

（二）青少年休闲娱乐管理

青少年在课余会参加学校组织的活动，也可能与朋友一起玩耍。如何把握青少年在空余时间的活动，成为许多家长比较头疼的话题。尤其网络、智能手机的普及，以前希望孩子待在家里的家长，开始担心孩子长时间待在家里，可能会沉迷网络及游戏。

中国青少年研究中心对家庭教养方式和孩子沉迷网络情况的调查发现，不同教养方式下成长的孩子，受到网络游戏的影响也不同。家庭教养方式分为四个类型：民主型——及时给孩子爱和关心；溺爱型——对孩子过多地保护和照顾；专制型——对孩子的控制欲较强；忽视型——对孩子呈现冷漠疏离的态度。调查显示，民主型教养方式下成长的孩子，在网络游戏上花费的时间和金钱，比溺爱型和专制型教养方式下成长的孩子更少，他们更能认识到网络游戏的负面影响。调查者认为，民主型的父母和孩子的关系亲密，能理解孩子的想法，与孩子的关系更和谐；孩子对父母的接纳程度高，乐意听取父母的意见或建议。而溺爱型、忽视型和专制型教养方式下长大的孩子，受同伴、同学等同龄群体的影响较大，因而对网络游戏的依赖性更强。

因此，家长要与孩子形成和谐的家庭氛围，与孩子有更多的交流，给予孩子更多陪伴，学习科学有效的亲子教育方式；要多注意孩子的正性行为，及时给予肯定和表扬。家长爱孩子，但是要学会放手，让孩子有品尝"苦果"的机会，培养孩子的责任心和感恩之情。在网络与游戏的管理上，家长要做到温柔而坚定，与孩子在协商的基础上制定使用规则，并且严格执行，同时家长也要以身作则。另外，家长也要关注个人的心理健康，让孩子感受到父母的爱，而不是唠叨、抱怨，在沟通过程中多运用幽默的方式，避免在孩子面前表现过多的焦虑和担心。

（三）协助青少年完成自我认同

随着认知发展和社会角色的变化，青少年对周围的事物有了自己的看法，他们经常会思考自己是怎样的一个人，他们在越来越多的社会角色中了解到自己在别人眼中的形象，他们开始离开家庭，发展更多的亲密友谊，这也促使他们进一步了解自己。青少年对自己的过去、现在和未来有一个整合的过程，这就是自我认同。但是这种自我认同的发展过程也是一个危机四伏的过程，因为青春期阶段的青少年的生理、认知、社会角色都在发生着变化，可谓是一个暴风骤雨的时期，需要家长辅助他们形成完整的自我认同。

心理学家埃里克森提出了一个理想状态，即允许青少年尝试不同的角色和人格体验，他认为只有不断尝试、体验不同的角色，才能建立起稳定的认同感。但是现实的环境并没有给青少年很多的尝试机会，比如家长不允许孩子尝试剃光头、化浓妆的形象，但这也是一种正常的角色和人格体验。此外，认同过程中还有一个危机就是反向认同，就是有一部分青少年专门选择家长和社会明显不喜欢的认同，希望得到关注。因为青少年的自我认同是在与他人相处的过程中逐渐建立起来的，当青少年能够在他的社会支持系统中得到认可，他会对自己充满自信，所以他们不断希望得到关注。如果青少年在希望得到家长的肯定和赞扬的时候，没有得到积极的回应，他们可能做一些家长讨厌的事情以引起家长的关注，当家长给予了评价，尽管多数是负面的评价，青少年也会觉得自己被关注到了。

良性心理发展只有在鼓励和支持的环境中才能发生，家长应给孩子提供更加宽松的环境，不要过度担忧和干预，可以让孩子尝试感受不同的社会角色，从中找到更好的选择。避免孩子形成反向认同的方法，就是要多关注孩子，看到他们的成绩，给予更多的鼓励与支持，帮助他们树立信心，更好地认同自己。

（四）助力青少年独立自主发展

青少年独立自主的发展和自我认同是同样重要的课题，在青春期阶段，青少年的情感和行为都会形成自主的发展。在此阶段，青少年需要在情感上与家长分离，形成自己的个性特点，减少对家长的依赖，从儿童时期对家长的崇拜转向对家长的挑战，这主要是因为他们对自己和家长都有了更深刻的认识。虽然情感的独立是青少年成长的一种表现，但是这种脱离了对家长崇拜的成长也会带给他们一些恐慌，在此时家长不能完全放任青少年的自主发展。

有研究表明，家长给予相对自由的成长环境，孩子会更加独立，那种与孩子断绝联系的家庭，他们的子女反而具有更多不成熟的想法。例如相对独立自主的孩子往往更愿意和家长交流，一起做事，并且表示在未来愿意成为家长那样的人；而不成熟的孩子则更愿意参加同龄人的群体活动。所以，家长在注重培养孩子独立性的同时，要努力维持和他们的亲密关系。同样，在青少年情感发展的过程中，过度地卷入和控制也是不可取的。有些家长对孩子过度保护，担心他们不能处理好自己的情况，从而严格限制他们的独立活动范围。生活中，一方面说孩子不懂事一方面抱怨孩子什么都做不好的家长大有人在，过度的干预和保护会让青少年的独立自主能力变得越来越差。因此，当青少年表现出自我成长的需求时，家长要适度调整自己的控制力度，与孩子保持合适的距离，不可过于放任疏离，也不能过度卷入，给予孩子一定成长空间的同时也要积极关注。

除了情感的独立，青少年另外一个自主发展的表现就是行为的自主，即表现出更强的决策能力。虽然在此阶段，家长和同龄人的观点都会影响到他们的行为，但是此时的青少年更容易被同龄人所影响。比如在穿衣风格、娱乐活动、兴趣爱好等方面，他们更愿意接受朋友的建议，但长期的规划还是希望家长能够给出更多的指导意见。所以，家长在培养青少年的独立行为的过程中，可以从价值观、职业规划等大的方向上把握，而那些小的问题应该放手让孩子自主做决定，这有利于青少年自我成长。换个角度看，如果家长过多限制青少年的独立发展，不允许孩子独立面对和解决问题，那他们辨别同龄群体的能力会比较弱，当他们接触同龄群体的时候，就更容易受到别人的影响和蛊惑，从而产生更多的行为问题。只要家长真正担负起培养青少年独立自主发展的责任，孩子就有可能选择更加优秀的群体，更好地融入群体，受到更好群体的影响，从而变得更加独立。

（五）指导青少年建立亲密关系

青春期阶段青少年的亲密关系也会发生很大的变化。青春期早期阶段，青少年还是与家长有着亲密的依恋关系，但是在中后期，他们的亲密会转向同性或者异性朋友。青少年在处理新的亲密关系时，表现出的态度和方式往往受到家庭亲密关系的影响。如果在家庭关系中能够与家长有很高的亲密度，他们在与朋友的相处过程中会更游刃有余、相处融洽；相反，与家长关系紧张的青少年往往也很难与朋友相处。这说明家庭的亲密关系为青少年的交友提供了一个模板。因此，为了让孩子更好地融入社会群体，家长应该给孩子做出榜样，积极指导他们用沟通和协商的方式处理不同意见，而不是以自我为中心，控制和领导其他人；或是不能面对亲密关系中的矛盾，一味躲避或忍让。据研究，能够处理家庭亲密关系和朋友亲密关系的青少年，比仅拥有较好的家庭关系或者朋友关系的人能够更好地发展，这说明两种亲密关系对青少年来说都很重要。

异性亲密关系是青少年亲密关系发展的一个重点，也是家长和学校关注最多的。有些人认为，青春期阶段的青少年不应该发展异性亲密关系，认为他们没有能力处理这样的关系和情感，甚至会影响学业以及增加过早性行为的可能。虽然这样的担忧不无道理，但是我们也要看到异性亲密关系的积极方面，青春期阶段的异性亲密关系，也是为以后建立稳定的恋爱关系的一种演练。

不是每个青少年都会在真正的恋爱关系之前出现异性亲密关系，但是，如果有些孩子已经出现了这种情感，家长应该给予理解和尊重，引导这段关系发挥它的积极作用，比如有些男孩会为了女孩改变自己的一些问题行为，有些女孩会为了爱慕的男孩努力提升自己。家长在这个过程中不要极端干预，避免造成"罗密欧与朱丽叶"效应，即家长越是反对，他们的亲密程度越高。值得注意的是，过早进入异性亲密关系的青少年往往心理状况不佳。在许多研究中都提到，当一些青少年自身存在不利因素，比如家庭关系紧张、不善于交往、没有太强的上进心、学业水平不佳、缺乏同性朋友等，他们更容易提前进入异性亲密交往中。

对待孩子的异性亲密关系，家长要加以积极的引导。例如，有一位家长发现，女儿喜欢上了自己的班长，但是被对方拒绝，从而影响了学业，成绩一落千丈。这位家长没有责怪女儿，而是积极帮助女儿"追求"班长，分析女儿被拒绝的原因并积极采取措施。可能是因为身材不好，所以坚持陪女儿参加体育锻炼，塑造体型；也可能是学习水平有差距，于是帮助女儿改善学习方法，提高学习能力；还可能是个人魅力不够，鼓励女儿多与其他同学交往，寻找更多的朋友。当女儿按照家长制订的方案努力提升自己后，发现自己非常优秀，反而没有那么喜欢班长了。对待孩子的异性亲密关系，家长要从多方面观察孩子的心理状况，弥补孩子的不足，特别是提供稳定的家庭支持，避免替代性亲密关系的发展。

总之，家长对青春期阶段孩子的成长至关重要。尽管孩子越来越独立，离家长越来越远，与家长的沟通和交流越来越少，但是家长仍然要知道孩子的发展任务，了解每个任务中应担任的角色和责任，更好地帮助孩子顺利完成青春期的发展任务，从而健康成长。

第三节　家庭的沟通

有的家长经常抱怨孩子不听自己的话，没办法与孩子好好交流；而孩子也常抱怨家长不理解自己，认为家长看不到自己的努力和成长，只会一味唠叨和批评。以上就是家长与孩子之间存在的沟通问题。亲子沟通是一门学问，本节就沟通中的角色、态度和方法进行探讨。

一、沟通中的角色

心理学家埃里克·伯恩在沟通分析理论中提出，每个人都存在 P（parent，父母）、A（adult，成人）、C（child，儿童）三种不同的自我状态。当我们与人交往的时候，我们的心里就好像住着三个人，我们要选择一个人来与别人对话。一个适应良好的人，会依情境的不同而呈现不同的自我状态，并且能够维持三者的平衡。但我们在沟通过程中，经常是一个类型的状态占主导地位。父母状态占优势时，行为上通常是凭主观印象办事，独断专行，以权威和优越感为标志，经常呈现训斥、支配、教训、责骂的状态，沟通过程中经常说"你必须""你应该""你不能"之类的话。成人状态占优势时，行为表现是注重事实根据，客观理智地分析问题，尊重别人，慎思明辨，善于从经验中估计出各种可能性，然后做出理性的判断，在沟通中经常使用"我个人的想法是""客观地讲""理性地看""科学的方法应该是"。儿童状态占优势时，行为通常表现为服从、冲动、任性、任人摆布、没有主见、遇事退缩、喜怒无常，在对话中经常说"我猜""我不知道""也许是""恐怕是这样"等。

青春期阶段的青少年在认知和社会角色方面都有了进一步的发展，家长在与他们沟通的过程中要进行角色的转变。在幼儿阶段，家长与孩子的交流更多采取父母的自我状态，给予孩子更多的指导和教育。孩子进入青春期后，独立自主意识开始发展，他们对周围的事物有了自己的看法和观点，在沟通中更愿意呈现成年人的自我状态。

孩子在小时候与父母的沟通明显不是对等的，孩子是询问、索取、好奇而幼稚撒娇的一方，而家长是回答、给予、成熟而具有威信的一方。但是随着孩子的长大，认知能力、情绪能力、自我意识等都不断发展，孩子逐渐不再是那个什么都需要家长指引的小朋友，他们也想从成人的角度对某件事发表评论，或者想跟家长聊聊长大后的心事。可是如果家长一直都用小时候的沟通模式来对待孩子，就会出现沟通分析理论所说的"交错沟通"。交错沟通的刺激和回应是交叉的，双方所预期的身份是不一样的，孩子期望自己是以成人的身份跟同样是成人身份的家长平等交流，而家长却期望以父母的身份跟他们眼中的儿童沟通。这种交错沟通会使家长和孩子都产生不愉快的感受，导致亲子沟通出现问题。

二、沟通中的态度

马歇尔·卢森堡提出了一种沟通方式，依照它来谈话和聆听，能使人们情意相通、和谐相处，这就是"非暴力沟通"。非暴力沟通的四要素是：观察、感受、需要和请求。熟练掌握四要素并在沟通的"听与说"双向互动中熟练运用，就可以创造出和谐智慧的沟通方式。这种沟通方式得以成立的基础是从爱出发，爱自己、助他人。

非暴力沟通过程中的态度，也就是认真地倾听是非常重要的。青少年随着生理、认知和社会角色的发展，一方面变得独立自主，一方面又面临许多困惑，他们很想和家长表达自己的观点和感受，这时家长要选择认真倾听的态度。许多家长认为倾听很容易做到，实则不然，为了倾听孩子的真实想法，家长需要放下已有的想法和判断，全神贯注地去体会。在现实中，很多家长往往认为青少年的观点和见解是一些不成熟的想法，不值一提，更没有耐心听取；青少年想表达自己成长中的困惑和疑问时，很多家长一般是安慰或者根据自己的经验直接给出意见和建议。其实很多时候，青少年只是想让家长了解自己的处境，听到的却是建议和安慰，甚至是指责。而恰恰是家长的急于行动才没有办法真正体会到青少年的感受和处境。因此家长在与孩子沟通的过程中，不能过于随意，要像对待成人一样尊重他们，认真听他们所要表达的想法并表示理解，不能采用忽视和否认的态度，这样才能为亲子沟通营造一个很好的氛围。

人本主义心理学派的代表人物罗杰斯提出"积极关注"这一概念，他常用关怀、无条件关注、无条件接纳等来表达这个概念。"积极关注"指的是咨询者不依据来访者行为的好坏，无条件地从整体上接纳对方，给予关怀。罗杰斯把这种态度看作促成个人成长的一个重要条件。这一概念，家长在亲子沟通的过程中也可以充分运用，一是以积极肯定的态度来看待孩子，相信他们身上总有一些积极因素，相信他们有改善和成长的潜力；二是选择性地注意孩子言语和行为中积极的方面，要让他们充分感受到自己的价值。青春期阶段孩子产生困惑、需要家长协助的时候，往往就是因为在自我同一的过程中，自己与别人的价值观产生矛盾。此时，作为家长应该给予孩子更多的支持和接纳，注意不要把自己的价值观念强加给孩子，要指导他们先学会接纳自己，再去整合别人的价值，只有当他们充分接纳自己，有较强的自信心的时候，才能以更加宽容的态度接纳别人，进而完成自我同一。在家长与孩子的日常交流中，无条件地关注与接纳并不容易。孩子和家长都需要学会无条件积极关注，这样才能进行良好的沟通。

三、沟通中的方法

无论有多少种理由可以解释青少年在成长中出现的问题，也无论家长可以对孩子表示多大程度的理解，家长还是无法避免要对孩子的问题给出指导，但是青春期的孩子并不会轻易地接受家长的建议或者批评。因此，家长在与青少年沟通的过程中，是需要一些技巧的。以下介绍一种三明治式的沟通方法。

把批评的内容夹在两个表扬之中，从而使受批评者愉快地接受批评的现象，称之为三明治效应。三明治效应有三层，第一层是认同、赏识、肯定、关爱对方的优点或积极面，中间一层夹着建议、批评或不同观点，第三层是鼓励、希望、信任、支持和帮助。这种方法，不仅不会挫伤受批评者的自尊心和积极性，还会使其积极地接受批评，并改正自己的不足。例如家长对孩子的学习态度可以这样指导："在学习方面，你一向很努力，这些爸爸妈妈是看在眼里的。但最近一段时间，你有些松懈，所以这次成绩才没有考好，为了使这次的教训更加深刻，爸爸妈妈要批评你两句。当然，爸爸妈妈也相信你，只要你肯努力，你的成绩会有很大的提高。"听到家长这样的话，相信每个孩子都会尽自己最大的努力去学习，这就是"三明治"式批评方式的功效。虽然是批评，但对于孩子来说，这种方式非常"可口"，与粗暴的批评方式相比，孩子当然更乐意接受。

　　处于青春期阶段的青少年自尊开始快速发展，有较强的防御心理，常条件反射式地盲目反抗，对于家长的意见往往直接采取阻抗的方式，想当然地认为家长的话都是过时的、唠叨的、没有意义的，所以当家长对他们提出批评或者建议的时候，他们往往会先入为主地反抗，表现不耐烦的态度。而三明治式的批评方式正好解决了这个问题，在对孩子提出批评和建议之前，先说一些亲切、关心、赞美的话，这样青少年比较容易接受之后的批评和建议。因为每个孩子都希望家长看到自己的优点和成长，尊重自己的想法，所以当家长用赞赏的眼光去看待青少年的时候，他们会放下自我防御机制，敞开心扉，开始接受家长的话语，这就为后面的进一步沟通营造了一个良好的交流氛围。如果家长一开始就对青少年进行严厉的批评，那么，他们往往会条件反射似地进入一种自我防御状态，一旦进入这种状态，即使家长的意见是合理的，孩子也很难接受。此外，这种三明治式的批评方式，以肯定和关爱结尾，给青少年留足了面子。家长在提出批评意见的时候应该点到为止，给青少年提供自我反思的机会，切不可喋喋不休，反复强调他们的错误，认为只有反复强调他们才会听进去、记得住，其实效果正相反。只有留给孩子足够的空间自我整理，他们才能体会自己的不足，从而改正并且进步。结尾的肯定和鼓励是给青少年更多的希望，当一个人被寄予希望，他们往往会更加努力，所以这种三明治式的沟通方法非常适合与正值青春期的青少年交流。

　　这种三明治式的沟通方法虽好，但家长在运用它时，还应该注意，在第一层赞美的阶段，要实事求是，不要为了赞美过度夸张，让青少年感觉明显虚假，觉得家长在套近乎，这样他们或许会更加不接纳家长的意见；在第二层提出批评和建议的过程中，要适度，通常以提醒为目的，指出其危害性即可，态度过于严厉会适得其反，要简单、明了、准确，并避免唠叨，同时也不能过于迁就，不能放任不管；最后一层的希望，要切合青少年自身的实际情况，不要过于夸大，给予孩子盲目的自信，给出的希望要诚恳，使他们有信心去改正自己的不足。

参考文献

[1]维吉尼亚·萨提亚.新家庭如何塑造人[M].易春丽，叶冬梅，等，译.北京：世界图书出版公司，2018.

[2]劳伦斯·斯坦伯格.青少年心理学[M].梁君英，董策，王宇，译.北京：机械工业出版社，2015.

[3]马歇尔·卢森堡.非暴力沟通[M].刘轶，译.北京：华夏出版社，2021.

[4]柳菁.心理弹性新论：多视角PAC人格模型理论与实证[D].上海：华东师范大学，2008.

[5]车文博.人本主义心理学元理论[M].北京：首都师范大学出版社，2010.

下篇

实践篇

第六章　课程的实证研究

　　对中职生青春期心理健康教育尤其是性心理健康教育进行课程化及教学实践研究，既有利于提供专业系统的课程材料，也有利于学生在系统的学习过程中获得科学的知识，丰富对自身的理解与接纳，并学会运用积极有效的方法帮助自己做好青春期心理调适。

第一节　青春期心理健康教育课程化研究

青春期心理健康教育课程研究课题组（以下简称课题组）发起人颜苏勤，在心理辅导的实践过程中，产生将中职生青春期心理健康教育课程化的想法，并在反复调研和实证研究的基础上，通过多年实践及探索，逐步明确课程目标，厘清课程结构，开发相应教材。进而，通过实验研究证实课程的实施有效地促进了青春期学生的身心健康和人格日臻完善。

一、研究缘起及基本理念

从1999年起，颜苏勤在对有心理问题的中职生个案辅导中发现，一些中职生的心理问题是由与异性之间的情绪困惑和烦恼引起的，极端个案表现出失恋后欲采取报复伤人、自残或自杀的行为。经过心理辅导，这些中职生的情绪相对稳定，安全度过了青春期的心理危机。

相关案例引起了颜苏勤的思考：个案辅导不能解决正处于青春期阶段的全体中职生普遍面临的性心理健康问题，将中职生青春期心理健康教育课程化具有特殊的意义和重要性。

为实现中职生青春期心理健康教育课程化，课题组确立了三个基本理念。

（1）教材和活动是课程化的核心。要实现课程化，必须编写符合学生特点和需求的青春期心理健康教育专题教材，设计相应的活动，以解决问题为目的，以服务学生为宗旨。

（2）师资队伍是课程化的关键。青春期心理健康教育课程的落实必须有相应的师资加以实施，但遗憾的是，很多学校缺乏这方面的师资力量。因此在研发课程的同时要思考和注重师资的培养。

（3）学校支持是课程化的保障。对学校来说，中职生青春期心理健康教育进课堂是一个系统工程，需要学校从全局上统筹考虑、整体安排，这样才能保证课程进课堂、进班会、进社团，最终使每个学生受益。

在上述理念的指导下，颜苏勤通过申报课题、编写教材、推进课程、落地教学等环节达成了课程化的目标。

二、实证研究和实践探索

中职生青春期心理健康教育课程化的成果不是一蹴而就的，而是在长期研究和实践中不断形成的，经过了酝酿、探索和深化三个阶段。

第一阶段：1999—2010年为成果酝酿阶段

1999年，颜苏勤向学校提出建立心理辅导室的建议，得到校领导的大力支持。但个别辅导只能解决主动求助的学生的性心理健康问题，不能解决正处于青春期阶段的全体中职生普遍面临的性心理健康问题。而从国际上看，很多国家早在20世纪50年代至70年代就在中小学课程中开设性教育课程。这成为颜苏勤探索青春期心理健康教育课程化研究的动力，开始思考课程化研究的相关问题。

第二阶段：2011—2012年为成果探索阶段

2011年，上海教委教研室立项了"关于中职生性健康教育活动课程化的研究"课题，颜苏勤作为课题负责人，带领团队成员通过问卷调查、访谈调查，从定性与定量两个方面，揭示了中职生在性心理健康教育方面的不足。主要包括大部分中职生对性生理知识有所了解，但认识模糊；大部分中职生有恋爱经历，但时间不长；大部分中职生对性与责任有所考虑，但责任能力弱；家庭和学校责任重大，但支持不到位。在此基础上，颜苏勤提出了相应的对策与建议，并编写了适合中职生性心理健康教育的课件样本——《中职生性健康教育活动课件样本》（共4个单元、8个活动的课程大纲和教案）。此课题于2012年结题，被上海市教委教研室评为优秀奖。

第三阶段：2013—2017年为成果深化阶段

2013年，颜苏勤申报上海市教育科研项目"关于中职生性健康教育课程化的再研究"，对青春期心理健康教育课程化进一步进行系统研究。通过问卷调查、访谈研究以及教学探索的反复实践和提炼等,编写了符合实际需求的《中职生青春期心理健康自助手册》(以下简称《自助手册》),既为学生的自助学习提供了系列指导,也为教师教学提供了系列教材,此书已由高等教育出版社出版。

三、研究成果与特色创新

(一)首次形成了针对中职生青春期心理健康教育的专门化课程

在针对中职生性心理健康大规模实证调查的基础上,颜苏勤结合个案访谈和一线教师经验,根据教育部印发的《中等职业学校学生心理健康教育指导纲要》相关要求,确定了中职生青春期心理健康课程。在关注中职生所面对的各种青春期问题的同时,把青春期教育与人格教育结合起来,引导学生完成自我认同、性别悦纳、建立亲密的人际关系、树立正确的爱情观、发展爱的能力、在性行为上树立"花开应有时"的观念与技能等任务,培养学生自尊、自信、自强、乐群的心理品质,提高学生心理健康水平,使学生乐观向上、人格健全。

(二)首次开发了内容丰富、形式多样的专题性教材

针对以中职生青春期心理健康教育为主的教材缺乏问题,颜苏勤主编了《自助手册》,教材共有 6 个单元 16 个活动主题,详见表 6.1。

表 6.1 《自助手册》活动主题及学习目标

单元	活动	学习目标
青春的觉醒	1. 我的生理成长	1. 了解青春期生殖系统的发育与成熟,正确看待进入青春期后身体发生的变化和青春期的生理发育,解除青春期困惑。 2. 掌握正确的青春期生理知识,学会欣赏自己,在欣赏中成长变化,培养健康的人格。
	2. 我的心理变化	1. 了解青春期性意识的发展及性心理特征,认识到有性心理活动是正常现象。 2. 掌握正确的性心理知识,能够正确应对性心理困惑,有效调节性心理活动,摆脱心理困扰。

续表

单元	活动	学习目标
性别的悦纳	1. 生理性别与社会性别	1. 了解生理性别与社会性别的概念，理解两者的关系。 2. 初步理解家庭、同伴、学校教育、大众传媒等社会因素对个体性别角色确立的影响。 3. 引发学生对自己性别角色定位的思考。
性别的悦纳	2. 男性特质与女性特质	1. 了解男性特质与女性特质的概念，学会欣赏自己身上的各种性别特质。 2. 了解性别偏见与刻板印象对个人未来发展的影响，学会突破性别刻板印象。 3. 理解多元文化下，男性特质与女性特质逐渐模糊的原因，挖掘自己身上的优秀特质。
性别的悦纳	3. 性别认同与悦纳自我	1. 了解性别认同的发展历程，理解性别角色差异，正确评价自己的性别角色。 2. 学会悦纳自己的性别，充分发挥性别优势。 3. 学会完善自我，突破性别角色对个体职业发展等的束缚。
花季的交往	1. 异性交往的意义和技巧	1. 了解异性交往对个体人格发展、自我价值感确立、社交能力培养、性别角色完善、未来恋爱婚姻等方面的积极意义，做到不局限于同性交往。 2. 掌握正常异性交往的原则和技巧，学会正确有分寸地与异性交往，形成良好的人际关系。
花季的交往	2. 萌动青春情	1. 了解青春期对异性产生好感、爱慕等情感是正常的，学会接纳自己的各种情绪、情感。 2. 了解青春期爱恋的特点、类型。 3. 掌握正确处理青春期爱恋的原则和方法。
花季的交往	3. 友情、爱情与迷恋	1. 了解友情和爱情的界线，把握自己的情感，学会珍惜与处理身边的异性关系。 2. 了解迷恋的各种类型、迷恋的根源，知道迷恋与真爱的区别。 3. 学会正确区分友情、爱情与迷恋，掌握理性控制自己情感的方法。
爱的能量棒	1. 我的理想爱情	1. 了解爱情的特点，理解爱情四要素论。 2. 澄清自己对爱情的理解及自己的爱情价值观。
爱的能量棒	2. 真爱需要等待	1. 了解爱情是需要做好身心准备的，是需要不断学习的，明确爱情的建立与维持需要的能力。 2. 掌握更好地为爱做好准备的方法，能更成熟地应对将来的爱情。

续表

单元	活动	学习目标
爱的能量棒	3. 恋爱挫折应对	1. 了解中职生恋爱的特点，知道中职阶段的任务以及成熟恋爱的发展阶段。 2. 了解恋爱中常见的挫折，掌握正确应对恋爱挫折的能力。
青春保护伞	1. 花开应有时	1. 了解性的生理含义和心理含义，知道过早性行为可能产生的后果。 2. 懂得性道德的含义，初步建立起在性行为上"花开应有时"的理念。 3. 能够自觉遵守异性交往的底线，拒绝婚前性行为。
青春保护伞	2. 性的自我保护	1. 了解性骚扰常见类型和表现，并能够迅速加以识别和制止。 2. 掌握应对各类性骚扰的技巧，面对骚扰时有明确的自我保护意识。 3. 了解性骚扰者不轨行为的心理动因，能够采取正确的处理措施，包括必要的心理调适。
青春保护伞	3. 防"艾"关"艾"与远离毒品	1. 了解艾滋病病毒及其传播途径；掌握艾滋病的基本知识。 2. 能明确艾滋病和吸毒的危害，自觉选择文明、自爱的生活方式。 3. 能正确对待艾滋病病毒感染者和艾滋病病人，增强社会责任意识。
爱的心港湾	1. 我爱我家	1. 了解家的含义及父母的特质，学会换位思考。 2. 了解"代沟"产生的原因，正确认识和对待"代沟"，学会感恩父母。 3. 了解亲子沟通的模式，学会尊重家人，建立和谐的亲子关系。
爱的心港湾	2. 我塑我家	1. 了解成长的重要性，掌握如何从自身做起，积极主动为家庭的和谐承担起自己的责任。 2. 了解作为父母角色需具备的基本知识及理想的家庭功能模式，为建立理想家庭做准备。

《自助手册》围绕处于青春期后期的中职生既关注又缺乏科学系统引导的身心发展问题逐一展开，让学生在系统学习中不断增加对自我的了解和接纳，学会用更加理性、发展的态度处理对异性的好感，并对青春期可能面临的诱惑或危险，如性、毒品、性骚扰等进行更科学的了解和认识，从心理上建立

自我保护的防线，从而更安全地度过青春期。《自助手册》还对现在和未来学生应承担的家庭责任进行探索，鼓励学生为和谐家庭与和谐社会贡献青春的智慧和热情。

（三）发展了教学与自助相结合的教育方式，为学生成长发展打下基础

教学的最终目的是为了让学生拥有自学的能力，"教"是为了"不教"，这对于青春期心理健康教育来说更是如此。为此，《自助手册》探索了中职生青春期心理健康教学和自助相结合的方式，以中职生"青春足迹"导入，以"师路花语"为核心知识，以"心海徜徉"为活动体验，以"心理魔方"为自我探究，以"拓展阅读"开阔视野。《自助手册》中的案例来自中职生，书中的语言根据中职生特点进行编排，通俗易懂。教师可以通过此书系统地开展教学活动，学生也可以使用此书进行阅读和探索，从中获得系统科学的青春期心理健康知识，反思自己、了解自己、完善自己，最终获得自我成长。通过教学与自助相结合的形式，可以提升学生的自我反思和自我成长能力，为学生成长奠定良好的基础。

四、研究成效与辐射影响

（一）促进青春期学生的心理健康成长

《自助手册》系统全面地为中职生普及科学的心理知识，有助于中职生在课堂中自然地学习、讨论与青春期有关的话题和应对技巧。学生通过课堂学习和自我学习，可以建立正确的性价值观，能够积极、正确地去面对青春期问题，有利于其形成完整人格。

2015年以A中职学校为例进行调查，该校基于《自助手册》设计了8个主题活动，以学生的团体活动开展《自助手册》教与学的互动，结果显示学生在青春期知识、技能获得及价值观等方面发生显著变化（见表6.2）。

表6.2 基于《自助手册》的团体活动实验效果比较

维度	后测	前测	t值	p值
生理与心理知识	4.34±0.38	3.03±0.89	5.01	0.002
异性相处	4.37±0.44	3.50±0.59	3.13	0.017

续表

维度	后测	前测	t 值	p 值
恋爱态度与能力	4.72 ± 0.45	4.13 ± 0.27	3.25	0.014
性别认同	4.50 ± 0.50	4.29 ± 0.58	0.64	0.544
性价值观	4.62 ± 0.27	3.81 ± 0.51	5.25	0.001
社会适应	4.54 ± 0.30	3.92 ± 0.35	3.42	0.011
总分	90 ± 6.05	75.5 ± 6.46	8.28	0.001

2016年基于B中职学校的实证调查显示，基于《自助手册》教学及活动，中职生在理论知识、悦纳自己、对恋爱关系的了解、对性教育的看法、应对性骚扰和了解艾滋病等多个维度的提升上都达到了统计学上的显著水平（$p<0.05$），表明中职生青春期心理健康水平得到有效提高，而调查者在分析原因时专门提到"颜苏勤工作室"发挥了示范效应（见表6.3）。

表6.3 基于《自助手册》的课堂教学实验效果比较

维度	后测	前测	t 值	p 值
理论知识	4.24 ± 0.39	2.55 ± 1.11	9.041	0.000
悦纳自己	4.49 ± 0.56	4.00 ± 0.64	3.994	0.000
对恋爱关系的了解	4.21 ± 0.50	3.33 ± 0.66	6.596	0.000
性教育看法	3.54 ± 0.43	3.03 ± 0.77	3.362	0.002
应对性骚扰	3.96 ± 0.68	3.54 ± 0.81	2.344	0.024
了解艾滋病	4.38 ± 0.50	3.89 ± 0.68	3.975	0.001

基于以上两所学校的实证研究，可以证明《自助手册》的使用能够成为中职生青春期心理健康教育的有效载体，帮助中职生接受科学、系统、连贯的青春期健康知识，促进中职生的身心健康和人格日臻完善。

（二）促进心理教师的专业发展

《自助手册》是颜苏勤带领中职学校一线心理教师经过将近两年的时间打磨而成，编写团队从开始的迷茫到逐渐明晰思路、从在教育教学过程中选取真实案例到适度加工成学生愿意阅读的故事、从在纷繁复杂的理论知识中筛选经典知识再到转换成学生能够接受的通俗易懂的语言，从学生的反馈中不断聚焦互动体验的引领和表达，从课堂教学的反思中不断修正、扩充原有内容。反复地推敲、打磨，让每一位参与编写的教师成为自己设计主题的专家，他们不仅能够把知识融会贯通地呈现出来，还能够对学生在该主题中的困惑和需求了如指掌，更能够在实际教学过程中选取贴切的素材和方法，带领学生共同探索、共同感悟、共同成长。这个过程恰如其分地体现了教学相长的意义。

（三）产生较好的社会辐射影响

中职生青春期心理健康教育课程化的相关成果及活动，受到了社会的广泛关注，多家媒体都做过相关报道。颜苏勤在多个会议进行相关报告，参与多次讲座及培训，研究成果获得多个奖项。

2013年，颜苏勤应邀在中国职教学会年会德育工作委员会分会场作了"关于中职生青春期健康现状调查与课程化设置研究"报告，受到广泛好评。

2017年，《成才与就业》杂志设立"烦恼终结站"专栏，专门讲述青春期的心理健康教育，同时该杂志还刊登14所学校中职生的青春故事系列文章，微信公众号推送35所学校中职生文章。《现代教学》杂志设立"苏勤话成长"专栏，颜苏勤发表个案报告18篇，指导其他心理教师发表个案报告10篇和说课稿5篇。同时，颜苏勤积极服务上海中职学校，开设公益讲座100多场，被多所学校特聘为心理健康教育顾问。另外，颜苏勤还应邀对外省市教师做心理健康讲座，如青岛市教委主办的中职教师培训、重庆市教委主办的中职班主任培训等，将上海青春期心理健康课程化成果进行示范辐射。

第二节 青春期心理健康教育课程的实践

本研究以《自助手册》教材的教育实践为例，通过中职学校的专题活动、课程教学和团体辅导等形式探索实践效果，帮助中职生获得科学、系统的青春期知识，提高自我保护能力和责任意识，促进中职生健康安全地度过青春期。

一、研究缘起

（一）中职生需要青春期性健康教育活动

2013年"关于中职生性健康教育课程化的再研究"（以下简称"再研究"）课题显示：大部分中职生了解自身性生理知识，但对异性了解不多；大部分中职生能欣赏和接纳自己的性别，但半数不知晓双性化人格；半数中职生能接受婚前性行为，但不懂得用道德标准评判；大部分中职生关注恋爱对象的内在品质，少部分关注外在条件；大部分中职生会自主选择获取性信息的途径，学校在青春期健康教育上亟须加强。开展科学、有效的性心理健康教育，是中职生所需要的。

（二）适度呈现青春期性心理话题需要实践探索

《自助手册》如何在中职学校有效推进，如何使中职生敏感的青春期性心理话题在课堂中适度呈现，如何选取适合中职生青春期心理健康教育的配套教学资料和教学途径，这些都需要在实践中不断探索。

（三）青春期性心理健康教育需要学校支持

从国际上看，性教育活动课程化在美国起步较早，英国、新加坡、荷兰、丹麦等国家也于20世纪50年代至70年代之间在中小学课程中开设了性教育课程。"再研究"课题组在上海中职学校进行了有益的尝试，但是部分学校还是难以保证青春期性心理话题走进课堂。为使中职生在适时的年龄阶段受到相关教育，学校领导需要高度重视，在课时和师资上给予保证。

基于以上原因，"再研究"课题组认为有必要进行中职生青春期心理健康教育的实践研究。

二、实践概况

（一）以校长论坛为载体，提高学校领导的重视程度

要有效推动青春期心理健康教育，单靠各学校的心理教师，力量是微弱的。如果能够从学校顶层设计出发，在学校领导的高度重视和支持下，课程化才能得到真正保障，学生才能真正受益。

为此，颜苏勤连续三年策划并实施了上海市中等职业学校青春期心理健康教育校长论坛活动。一方面，主动给各学校校长发送论坛请柬，邀请校长们来谈谈对青春期心理健康教育的理解和实践；另一方面，邀请各学校的心理教师分享学生对于青春期心理健康教育的感悟和收获。

实践证明，校长论坛的举行提高了学校领导对于青春期心理健康教育的重视程度。他们有的本身对这一内容就感兴趣，继续带领学校教师进行探索和实践；有的在参与之后主动走近学生和心理教师，了解学生对这些活动内容的看法和收获，了解心理老师已有的探索；有的在兄弟学校的实践探索中愈加看到它的意义和价值，进一步推动他们高度重视青春期心理健康教育。

（二）以课程系列活动为抓手，提高教师实践能力

以颜苏勤为课题组组长，上海市商业学校承办了上海市中等职业学校三届青春期心理健康课课程系列活动，通过磨课、写教案、上课、说课等活动，提高师资的专业化水平。

2014年有34位教师参加了初赛，16位教师进入上课与说课决赛。教师们把音乐、绘画、游戏等活动巧妙地融入教学内容之中，解答学生对自身以及异性生理成长的好奇与困惑。2015年有17位教师对《自助手册》使用进行教学示范，教师们运用信息化技术对青春期的隐私、困惑进行展示，提高了教师信息技术运用的自觉性。

在总结前两次活动的基础上，2017年举办的青春期"梦想·成长·责任"说课交流活动，有30余位教师参与。在教学与说课比赛中，聘请了上海市心理学专家、职业教育专家现场点评与指导，使教师使用教材的教学思路更清晰，教学能力得到不断提升。

经过系列化、专业化活动，教师把《自助手册》作为"心理健康"教学的

重要组成部分，激发了教师钻研与使用教材的积极性，提升了教材使用的水平。

（三）以主题演讲活动为平台，提高学生自助水平

为检验《自助手册》自助的功能，颜苏勤多次牵头举办上海市中等职业学校学生青春期主题演讲活动，鼓励学生在阅读《自助手册》的基础上，结合青春期遇到的生理心理、情绪情感、危险诱惑等现实问题，从手册中感悟同龄人的经验、寻找知识的启迪、学习有效的方法，帮助自己进行心理调适和社会适应，进而讲述、分享自己的成长故事。

有了《自助手册》的引领，学生对青春期性心理健康话题不再避讳，他们可以获得科学的信息，更可以对自己的经历和领悟侃侃而谈。如《守得住寂寞，耐得住繁华》的作者大方地表达了对爱情种子的守护，对青春萌动情感的珍惜，和对异性交往"度"的把握，生动感人。还有学生通过对体像的探讨，开始接纳自己的身体，化抱怨与消沉为努力，把优势不断放大，树立信心，去争取更好的生活。也有学生坦然分享曾经挫折的恋爱经历，用理性、睿智的态度引发更多的同学思考爱的能力和现阶段大家应该为之努力的方向。

主题演讲活动激发了学生通过《自助手册》帮助自己和同伴的热情，来自学生间的真情分享让同学们深受感染和鼓舞，大家可以因为有相似的困扰而不再那么担心，又可以通过讲述自己逐步悦纳自我的过程达到自我肯定、自我激励的效果，还可以从同伴的分享中获得更多的经验和感悟，把悦纳、责任、保护等逐渐内化于心。

三、实践成效

（一）多所学校青春期心理健康课程扎实进行

在校长论坛的大力推动下，多所学校从制度上保证了青春期心理健康教育进课堂、进班会或进社团活动，使中职生在校期间能够接受到青春期心理健康教育。下面列举上海市10所中职学校的实践特色。

——上海市商业学校，在青春期心理健康教育方面不仅加强了师资队伍建设，还从试点扩大到全面普及，《自助手册》作为教材进课堂，使每个中职生都能掌握青春期心理健康知识；另外该校还开展了"青春期——责任与梦想"心理健康活动月，举办了知识竞赛、演讲比赛、电子小报比赛、黑板报

比赛、主题班会比赛、心理剧比赛等一系列活动，在社团活动及班主任培训中也使用此教材，广获师生好评。

——上海市工商外国语学校，让全校学生人手一本《自助手册》，德育干部、班主任、德育教师每人一本，在心理健康活动月"青春，我们一起走过"中，利用该教材开展了一系列活动，学生和教师普遍反映此教材品质优良，为青春期心理健康教育开启了一扇门。

——上海市机械工业学校，从三个方面进行青春期心理健康教育：第一，以课堂为基础，普及青春期心理健康知识；第二，围绕《自助手册》内容开展主题活动，增强课上课下的链接；第三，将《自助手册》作为班主任培训的教材，提升教师关爱学生、帮助学生的能力。

——上海市徐汇职业高级中学，主要从五个方面进行：第一，进行青春期心理健康教育的专题培训，提高教师教育能力；第二，强化课堂教育，加强学生自我认识；第三，推荐指导读物，帮助学生建立正确的性道德观念；第四，开展主题班会，提升学生心理素质；第五，协调好家长学校同步教育。

——上海食品科技学校，让每一位学生都拥有一本"清新绿"（《自助手册》），在活动月中阅读并交流感想；从"清新绿"中挑选六个活动设计成系列课程融入心理课堂教学中，让学生经过充分的学习后能够更好地悦纳自我，更理智地看待青春期情感，学会正确保护自己；每学期从"清新绿"中挑选两个主题进班会课，引发学生讨论和思考，把青春期教育延伸到每个学期，护航青春成长。

——上海市房地产学校，从"科研引领、课堂主航、活动护航"三个方面推进青春期教育，组织心理教师参加课题"关于中职生性健康教育活动课程化的研究"，提升教学科研能力；通过心理课堂和心理社团把《自助手册》充分使用起来，引领学生更好地认识自己、接纳自己。

——上海市第二轻工业学校，抓住《自助手册》内容丰富全面、信息量大、发挥学生主动性、助人自助的优点，通过制定制度提供保障、立足课堂提升质量、六级网络形成合力等方法更好地推进《自助手册》的使用。

——上海市材料工程学校，通过学习《自助手册》，学生获得积极心理体验，助力青春成长；在进课程、进班会、进校园文化活动中，对青春期心理健康教育的普及起到了非常大的作用。

——上海电子工业学校，把《自助手册》作为主题班会教育读本，引导学生探究自我心理，进一步完善自我，显现"自助"优点。

——上海市城市科技学校，重视青春期心理健康教育三个方面的工作：第一，模块学习讲策略；第二，同伴互助重协作；第三，师生感悟齐分享。

以上学校在校领导的大力支持下，在课堂教学、社团活动、主题班会、学生自学、教师培训等方面深入探索如何更好地发挥《自助手册》对学生成长和对教师教育的促进功能，助益学生成长与教师专业化水平的提高。

（二）学生在课堂教学和团体辅导中切实受益

本研究通过课堂教学和团体辅导的前后测试，检验《自助手册》的使用对学生心理产生的影响。

在课堂教学中，心理教师在课前设计了前测问卷，学期结束后，再对学生进行后测。以某校40位学生的检测结果为例，发现使用《自助手册》后，中职生更了解如何避免以及应对性骚扰。在定义爱情方面，中职生更能区分爱情、友情和迷恋，知道什么是真正的爱情以及所包含的责任。在性教育方面，中职生经过学习认识到了性教育的重要性，对学校的性教育现状感到满意，对青春期性教育的理论知识有一定了解。在悦纳自己方面，中职生更能接受和欣赏自己的性别，理解青春期异性交往对成长的意义。在了解恋爱关系方面，中职生认识到恋爱失败会给双方带来的影响，了解过早性行为的危害。在对艾滋病的了解方面，中职生对艾滋病的传染途径和危害更加了解。以上结果说明，通过课堂教学活动，中职生在青春期性知识方面有所提升，教学实践是行之有效的。

在团体辅导中，活动结束后的问卷调查结果显示，25%的学生认为这类活动很及时、很有必要，75%的学生认为比较需要。学生A说："我觉得这次团体辅导让我认识了青春期可能会遇到的情况，也大致了解遇到这些情况该如何应对，对我很有启发。"学生B说："我知道了青春期对异性有好感是正常的现象，但要把握异性间交往的尺度。"学生C说："我觉得以后如果自己碰到类似困惑，心里就有了方向，知道哪些事情可以做，哪些底线不能碰。"学生D说："我对青春期的话题有了更深入的思考。"青春期团体辅导活动帮助学生加强对于青春期生理心理变化的认识，了解异性交往的重要意义，同时解决他们同异性交往的困惑，帮助他们形成正向的性价值观，有利于他们顺利度过青春期。心理教师也能更好地了解中职生青春期的心理特点和困惑，帮助学生解决疑虑，并成为学生的良师益友。

（三）教师对于青春期性话题的课程教学形式更加多样

青春期性心理健康教育的相关活动中有些内容比较敏感，如何把握敏感话题的展开尺度，心理教师在实践教学中进行了不断探索、反复讨论，让敏感话题适度地在课堂中呈现，使学生易于接受。如"我的生理成长"活动中的体像方面，中职生或多或少会有体像烦恼，针对这一话题，教师通过呈现视频《尼克的演讲》，在引发学生感受榜样力量的基础上，同学生一起提炼主人公尼克面对自己生理缺陷时的应对策略，激发学生悦纳自己的意识，积极乐观地应对自己的体像烦恼。考虑到许多学生的主动表达能力比较缺乏，教师为学生提供《我的青春宣言》模板：我确实__有点胖__（坦然正视），但如果我自己不在意，没人会盯着我的__胖__不放（别太敏感），虽然我__胖__，但至少我__很健康__（转移目标），我会抓住自己终将逝去的青春，__努力学习__（以内补外），我会一直记得：__我就是我，是颜色不一样的烟火__（悦纳自己）！学生根据模板练习之后，大声地说出自己的青春宣言，进一步悦纳自我、内化于心。

又如，在"性的自我保护"主题中的拒绝性骚扰话题，中职生对此既敏感又模糊，普遍存在认识误区，比如归因于当事人，认为只有女性才有危险，同性、熟人间不存在性骚扰等。如何让学生不抵触地获得正确的认知？解决思路是设计是非判断题，组织学生进行投票，再针对学生误区集中点引发学生讨论，帮助学生拓宽思路，发现认知误区，建立清醒的自我保护意识。由于性骚扰的话题比较敏感，学生当众提的问题多半比较含蓄，经过实践教师发现可以使用匿名纸条的方式进行自由问答，鼓励学生积极表达现实中的困扰，让课堂教学能够更多地为学生的实际生活服务。

（四）探索课程教学与个案辅导互相融合的实践形式

课程教学发挥的是心理教育的功能，面向的是全体学生，可以有效地增强教与学的效果，但无法解决个别学生的个别困扰。为此，课题组还多次举行个案专题研讨会，通过教师间的相互督导，启发教师更全面、深入地理解学生的困扰，整合群体智慧，在个案咨询中更好地帮助学生。与此同时，教师们又能在个案研讨中更敏锐地把握中职生的性心理问题和需求，从学生个案中提炼出一些共性问题，整合到《自助手册》的课堂教学中，使教学内容更有针对性和启发性。

课程教学与个案辅导相辅相成，互相融合，不断丰富教师和学生关于青春期困惑的理论与实践认识。在个案辅导交流的积累中，课题组还带领教师们编著了《个案心理辅导实务与启示》《青春期少男少女保健知识手册》等，进一步丰富了师生的精神食粮。

（五）创建研究、教学、培训于一体并与校长、教师和学生三方联动的推广机制

为了让青春期课程化教学得以深入、系列研究，课题组始终坚持以课题为引领，以教学为阵地，以培训为保障的宗旨，不断走循环上升的发展道路，在研究中不断形成教材专著等成果，在教学中不断探索教材的科学、规范使用，在培训中不断提高心理教师、班主任等的专业化水平。

在此过程中，通过校长论坛提高了学校领导的重视和支持程度，通过课堂教学、团体辅导、社团活动、个案辅导等促进了教师专业化发展和学生健康成长，通过主题演讲活动发挥了学生自助功能，形成校长、教师和学生三方有效联动的青春期心理健康教育推广机制。

以《自助手册》教育实践为例的系列探索活动，比较系统全面地为学生普及了科学的青春期性心理健康知识，让中职生大大方方地在课堂和活动中学习、讨论与青春期有关的内容和应对技巧。中职生通过学习、探索、自助等形式，不断丰富科学的性知识，建立正确的性价值观，积极、正确地去理解和解决自己的青春期问题，促进完整人格的形成。

参考文献

颜苏勤. 中职生青春期心理健康自助手册［M］. 北京：高等教育出版社，2013.

第七章　课程的教学研究

在开发了课程及初步实践探索的基础之上,仍有教师对于如何上好这门课心存困惑。每个活动需要重点落实的目标是什么,需要突破的教学难点是什么,可以通过哪些生动巧妙的形式引发学生的兴趣并实现教学目标,成为进一步研究的关注点。

第一节　青春期心理健康教育课程重难点研究

在教师们磨课、上课、评课的过程中，课题组不断组织教学研讨活动，经过多次师生访谈，充分了解并评估了学生已有知识、能力水平以及已形成的某些情感、态度与价值观，进而确定每一个活动的教学重难点，并反复根据教学的具体开展过程以及对教学效果的推敲进行调整，确定《自助手册》16个活动主题的教学重难点如下。

一、青春的觉醒

（一）我的生理成长

1. 教学重点

学生能掌握青春期生理成长的特点和趋势，学会欣赏自己，在欣赏中成长变化。进入青春期，男孩女孩们的身体都会发生很大的变化，身体发育的突增、性发育的成熟，让他们充满了困惑、好奇和焦虑，因此让学生了解青春期生理知识以及青春期身心发展的特点和趋势，了解青春期自我保健知识，掌握科学的青春期生理知识，可以帮助他们更充分地体会到自身的成长和变化，正确看待进入青春期后身体发生的变化和生理发育，理解生理成长与心理发展的相互影响，学会自我悦纳和认同。

2. 教学难点

帮助学生摆脱体像烦恼，学会自我悦纳和认同。这一时期青少年处于人生的特殊阶段，既不同于成人又不同于儿童，生理的急剧变化对其心理造成了不同程度的影响，而最主要的心理问题之一就是体像烦恼。青少年的体像烦恼主要包括容貌烦恼、形体烦恼、性器官烦恼和性别烦恼。本节课从生理角度解释青少年常见的体像烦恼，并通过学生独立思考和交流讨论的活动形式，帮助学生科学系统地了解生殖系统的发育和生理功能。

（二）我的心理变化

1. 教学重点

学生了解和掌握正确的性心理知识，认识到有性心理活动是正常现象。青少年进入性发育阶段后，在激素的作用下，自然而然会产生性意识。性意识是个体在性生理发育过程中，逐渐形成的对两性关系的感知和认识，这个阶段的青少年渴望从生理和心理多方面了解和认识自己，因而，了解青春期性意识发展的阶段和青春期性心理特征，掌握性心理知识，学会接纳和正确应对心理困惑，学会有效调节性心理活动，有助于帮助学生摆脱心理困扰。

2. 教学难点

帮助学生摆脱心理困扰。性意识的觉醒往往让青少年既向往接近异性，又常常感到迷茫。有些学生对性意识的发展阶段没有足够的认识，缺乏一些必要的性心理知识，因而常常感到不知所措，容易产生担忧、不安、自责等心理。本课通过心理测试、案例分析和交流讨论，让学生了解自身的性心理健康水平，认识到自己对性问题认识不足的地方，鼓励学生通过科学的渠道了解青春期身体发育所带来的心理变化和性心理特点，帮助学生树立应对性心理困扰的积极态度，寻找应对性心理问题的有效途径，从而摆脱心理困扰。

二、性别的悦纳

（一）生理性别与社会性别

1. 教学重点

学生了解社会性别的概念，完成对自身性别角色的定位思考。中职生的年龄基本在15岁到18岁，他们开始探索生理上的性别问题，寻求自身的性别自我定位。本课通过电影欣赏、概念讲解、游戏活动、案例分析等突破教学重点，引导学生明确个体生理性别特点与社会性别要求，能处理好二者的关系，理解并接纳自己或他人出现性别认同障碍或青春期同性依恋的现象，当自己的性别角色定位与生理性别发生冲突时，能够根据实际情况转变观念，积极主动地尝试调整。

2. 教学难点

让学生理解生理性别与社会性别二者的关系。当个体和他人的社会性别认知发生偏差时，学习理智应对，从而真正做到悦纳自身的性别。每个人都有天生的生理性别，在生理性别之外，还存在着社会对某个性别在婚姻、文化、教育、经济、政治等领域所扮演角色的固定期待，在思考自身性别角色的定位时，大多数中职生在现实中还缺乏必要的知识与情感上的支持。帮助学生厘清生理性别与社会性别的概念，理解一个人的性别角色意识既会受到外界影响，也会通过社会学习改变，为今后创造积极健康的人生奠定良好基础。

（二）男性特质与女性特质

1. 教学重点

学生学会欣赏自己身上的性别特质，悦纳自我。互联网时代下多元价值观冲击着学生的认知，传统的男女性别概念受到了前所未有的挑战，许多关于性别特质的困惑因此产生。本课通过课前调查发现身边榜样身上的优秀特质，让学生了解双性化的性别特质是优秀的人格品质，进一步通过心理测试帮助学生挖掘自身的性别特质，接纳并欣赏这些特质，以此实现教学重点。

2. 教学难点

突破性别刻板印象，使学生未来的发展不受性别刻板印象的影响。性别刻板印象简单地将男性和女性进行归类，让人们误以为某一类性别必须呈现规定的样子，若违背就是错的。性别刻板印象对青春期的男生女生存在着双重压迫，它可能在潜移默化间影响着学生兴趣爱好、未来发展等。本节课通过案例分析等活动激发学生对性别刻板印象的思考，结合现实中的案例给予学生认知上的冲击，帮助学生突破思维定式，突破兴趣、职业等方面的刻板印象，进一步体会到未来的发展应遵从自己的能力和本心，不受性别刻板印象的影响。

（三）性别认同与悦纳自我

1. 教学重点

学生认识和悦纳自己的性别角色，突破性别角色对个体兴趣爱好、职业发展等方面的束缚。青春期的中职生在生理上日趋成熟，他们的性别认同对日常生活的言行举止有重大的影响。中职生已经选择了自身的专业，如果性别意识认知评价很低或存在认知偏差，一些学生就不能充分地发挥性别优势，会阻碍其未来职业的发展。本课通过案例教学、人物评价和分组讨论的方法，营造自由、安全的课堂氛围，引导学生逐步解决阻碍性别认同和自我悦纳的困难，形成看待性别角色的新视角，从而帮助学生学会如何发挥性别优势，助力职业发展。

2. 教学难点

学生学会客观评价性别角色，悦纳自我性别，成为一个有魅力的个体。性别角色同一性的获得是青少年阶段性别角色发展的中心任务，性别角色的设计与完善要建立在自我了解的基础之上。通过课程的学习，让学生意识到每种性别角色都值得尊重和包容，缺乏了男性或者女性的世界是不完整的，从而掌握客观评价性别角色的方法，认识到自身独特的价值。同时，向优秀人物学习并悦纳自我，在实践中通过自己的努力，拥有对自身未来的规划和实现能力，成就精彩的人生。

三、花季的交往

（一）异性交往的意义和技巧

1. 教学重点

学生掌握异性交往的原则和技巧，并能够在现实生活中运用这些原则和技巧实现男女生正常交往。青春期的中职生随着生理和心理的不断成熟以及性别意识社会化的不断推进，会对异性好奇，与异性交往的意愿日益强烈。健康、恰当的异性交往有助于帮助学生塑造良好的人际关系以及健康的人格，但是不恰当的交往方式和相应社交经验的缺乏会使青少年的人际交往存在一定的困惑甚至障碍。本课通过学生异性交往案例分析，帮助学生树立正确的交往观，同时学习并运用相应的原则和技巧实现健康和谐的异性交往。

2. 教学难点

学生正确看待男女生情感问题，面对情感困惑时做出正确、理智、负责任的选择。正值青春期的青少年情绪容易波动，他们的情感精力充沛，情绪往往表现出两极性。在这样的"疾风骤雨"期，异性交往中的情感问题也会影响他们的情绪体验和人际关系。学生在学习异性交往的基础上，能够正确理智地处理异性交往中的情感问题，将成为本节课的难点。帮助他们突破这一难点，有助于学生保持良好的积极情绪，打造良好的人际关系。

（二）萌动青春情

1. 教学重点

学生接纳青春期情感，避免进入情感误区，掌握正确处理青春期爱恋的原则和方法。异性同学间的相互欣赏、相互吸引，是学生走向成熟的表现，合宜的男女生交往有利于学生了解异性，有助于正常婚恋观的形成。教师对学生的渴望和好奇要保持接纳和尊重的态度，鼓励学生学会与异性正常交往，这有利于他们的健康成长。同时，中职生还处于不稳定的青春期，他们比较敏感，情绪波动较大，想象力也很丰富，在异性交往中，容易将情感误区当作内心需求。因此让学生明确自己真正的情感需求，学会分析青春期情感的误区显得尤为重要。通过本课的学习，学生将逐步掌握面对青春期情感的合理原则和方法。

2. 教学难点

学生理解教师和家长对青春期爱恋的担心。中职生往往认为老师、家长对青春期情感是反对的，不愿意和老师、家长谈论青春期情感话题，让他们理解成人的担心也更加困难，所以确立其为教学难点。在"接纳青春期情感"这一教学重点落实的同时，让学生感受到被理解、被尊重，为达成教学难点打下基础。

（三）友情、爱情与迷恋

1. 教学重点

学生理解友情与爱情的异同，理解迷恋与真爱的差别。中职生这个年龄阶段基本已经学会和异性建立友谊，但是因为青春期"荷尔蒙"的作用，他们对爱情抱有很多好奇和幻想。他们有时会误把朋友间的关心当作爱的信号，产生朦胧的情绪体验，与此同时又会产生很多困惑。有的学生思想不够成熟，缺乏理智判断，不能正确分辨友情、爱情和迷恋。这三者的界限对于心理发育还不成熟的学生而言比较容易混淆，需要教师加以引导，在课堂中通过案例讨论进行逐步辨析。

2. 教学难点

本课的教学难点是学生对三种情感进行辨别后，能掌握理性控制自己情感的方法。教师对于教学案例不仅限于简单的讨论，还要对其作进一步的分析，启发学生探讨如果主人公们开始一段恋情之后会如何发展等，来引导学生分辨情感界限。学会辨识之后，通过心理测试结果的分析，引发学生思考面对不同情境模式该如何理性控制自己的情感。

四、爱的能量棒

（一）我的理想爱情

1. 教学重点

学生能够树立正确的爱情价值观。处于青春期的中职生的"谈情说爱"带有直觉性、冲动性和盲目性，容易受到自身成长经历、社会宣传以及对方外表和行为等方面的影响，在爱情中追求物质、外貌、性格、能力等方面的满足，而忽视了对最本质的价值观及品质的重视。通过本节课的教学，结合案例分析、讨论交流、体验活动等方式，帮助学生思考自己的恋爱、未来的爱情和婚姻，澄清爱情价值观，让他们更清晰地看见价值观及品质对于爱情的保鲜作用，学会理智地面对和处理青春期情感，懂得发展更好自己的重要性。

2. 教学难点

学生理解真正成熟的爱是关心、责任、尊重和了解的有机结合。中职生伴随生理的成熟以及社会不良价值的导向等影响，对成熟爱情缺乏深刻的理解，容易快速启动爱情，又快速陷入失恋。通过对童话故事的分析以及对影视作品的解读，帮助学生循序渐进地理解上述四个要素对于理想爱情的重要意义，领悟爱情的本质，学会不断丰富并提高这四方面的能力，为实现教学重点打下基础。

（二）真爱需要等待

1. 教学重点

了解爱情是需要做好身心准备的。爱情是人与人之间强烈的依恋、亲近和向往，对于身心逐渐成熟的中职生来说，对爱情的美好向往是正常的，也是人生成长的必经阶段。爱情题材的影视作品、小说、广告等让人应接不暇，也让学生更加渴望爱情的美好和甜蜜，却容易让他们忽略经营爱情所需要的一些重要能力。当缺乏准备的学生陷入"不现实的文学爱情"，则可能酿成"爱情悲剧"。通过本课的学习，让学生了解美好的爱情是需要当事人身心做好充分准备的，接受、拒绝和经营等都需要学习不同的爱的能力。

2. 教学难点

学生提升爱的能力。擦出"爱的火花"很容易，但接受一段爱情时需要分辨与权衡；拒绝一段爱情时需要尊重与技巧；经营一段爱情时更需要理解、包容与共同成长。学生知道爱的能力不容易，提升爱的能力更不容易，因此确立其为教学难点。教师循序渐进地将爱的能力呈现给学生，引导他们在生活中有意识地培养这些能力，并学会"为爱等待"，最终能够爱他人，更能爱自己，在健康的爱情模式中获得滋养。

（三）恋爱挫折应对

1. 教学重点

学生了解恋爱挫折的类型、中职生恋爱的特点及中职阶段的任务。中职生的主要任务是建立自我同一性，而发展亲密关系是成年早期的任务。因此，中职生如果在还没有完全建立新的同一感、没有很好地发展爱的能力时，就走进恋爱关系，势必会遭遇恋爱挫折。现实生活中不乏学生因为恋爱挫折导致自伤和伤人的悲剧，因此，引导学生理解挫折产生的原因，并预设恋爱挫折的种种类型，有助于学生更好地理解当下的发展任务，同时意识到恋爱挫折的普遍性，对遭遇恋爱挫折做好心理准备，增强理性应对能力。

2. 教学难点

学生树立积极乐观应对挫折的态度。挫折是成长的危机，既包含危险也暗藏成长契机，增强学生的心理弹性是青春期心理健康教育的任务之一。通过本次活动，引导学生理解恋爱挫折产生的原因以及积极应对挫折的态度，也是引导学生领悟从挫折中发现成长契机的过程，从而引导学生树立生命至上的价值观，学习积极、正确地理解自己和他人，积极、正向地解决青春期问题，提高心理韧性，提升抗挫能力，减少和避免因为恋爱挫折导致的悲剧。

五、青春保护伞

（一）花开应有时

1. 教学重点

学生了解青春期过早性行为的危害。根据某项课前调查发现在学生已有的认知中，提到青春期过早性行为的危害，绝大多数学生能想到的是可能会造成女生的怀孕和流产，仅有少数学生会想到对女生心理健康和社会发展的影响，没有一位学生能想到对男生也会有所影响。所以，在这一知识点上，学生认知非常欠缺。也正因为对其危害知之甚少，少数学生在性行为上缺乏谨慎及自我保护的意识。通过本课让学生全面了解过早发生性行为对男生、女生在生理、心理及社会发展中的危害，为教学难点的突破埋下伏笔。

2. 教学难点

学生能够树立"性之花要在合适的季节开放才美"的观念。青少年过早地尝试性行为，除了因为他们对其危害缺乏全面认识之外，还有一个原因是他们没有树立正确的观念，要让该年龄段的学生自发生成并接受正确的观念并不容易，因此确立其为教学难点。在教学重点得到落实的基础上，借助对案例中主人公的同理心，学生在深入体会过早性行为带来一系列影响的基础上与同伴共同实现这一难点的突破。

（二）性的自我保护

1. 教学重点

学生了解、掌握拒绝各类性骚扰的技巧。相关调查显示，在中职生群体中有超过半数的学生经历过各种形式的性骚扰。由于互联网的发达及社交形式的多样化，在虚拟空间或现实生活中，许多青少年都有可能受到不怀好意者的骚扰。正是因为各类性骚扰事件层出不穷，所以把了解、掌握拒绝各类性骚扰的技巧作为本节课教学重点，包括明确表达拒绝的态度、及时进行沟通、使用身体上的防卫以及积极向外界寻求帮助等，只有把这些要点熟记于心并落实到具体行动中，才能有效地自我保护，避免成为性骚扰的受害者。

2. 教学难点

学生能够澄清对性骚扰的相关认知误区。由于家庭、学校及社会相关教育的缺乏，部分学生对性骚扰的界定、性骚扰的方式、性骚扰的后果等认识不足，甚至存在一些认知误区，从而对身边熟人的越界行为放松警惕，不能及时进行判别和应对，并避免事态的进一步扩大和发展。另外，还有部分学生由于性意识的发展，在好奇或欲望的驱使下，也可能会出现不当行为，给他人带来性骚扰困扰的同时自己并无觉察甚或不以为意。上述情况都需要学生正确认识性骚扰的相关知识，消除认知误区。

（三）防"艾"关"艾"与远离毒品

1. 教学重点

学生了解艾滋病病毒的传播途径和条件，掌握有效预防艾滋病病毒传播的正确方法。进入中职阶段的学生，或多或少都接受过一些艾滋病相关知识的教育和宣传，对艾滋病病毒的可怕和艾滋病病人的痛苦也有一定的了解，但在知识的精准性和方法的确定性方面还存在不足。通过这个教学重点的落实，帮助学生认识到艾滋病病毒的传播主要与人类的社会行为有关，完全可以通过规范人们的社会行为进行阻断，是能够预防的。

2. 教学难点

学生能关心、善待艾滋病病毒感染者和艾滋病病人，增强社会责任意识。尽管艾滋病知识的普及率越来越高，但很多学生仍存有认知误区，对艾滋病具有强烈的恐惧和歧视心理。通过教学重点的强调，让学生明白艾滋病虽然可怕，但该病毒的传播是需要具备一定条件的，与艾滋病病毒感染者及艾滋病病人的日常生活和工作接触都不会感染艾滋病。在落实教学重点，帮助学生珍惜自己的健康和生命，自觉选择文明和自爱的生活方式的基础之上，还需要引导学生给艾滋病病毒感染者及艾滋病病人多一些善意和关怀，增强共同抗击艾滋病病毒的社会责任感。

六、爱的心港湾

（一）我爱我家

1. 教学重点

学生了解"代沟"产生的原因，正确认识和对待"代沟"。青春期阶段是青少年独立自主意识发展的关键时期，他们希望表达自己的观点，在家庭事务中拥有话语权。本节课通过案例分析、讨论交流、头脑风暴等方式帮助学生了解"代沟"产生的真正原因，协助学生接纳父母的局限性。在厘清与家长产生矛盾的具体原因的基础上，学生学习与父母沟通的具体有效方法，培养主动解决亲子矛盾的能力，学会用发展的眼光看待身边的人和事，理解沟通模式和沟通内容的区别，学会从家庭中寻找爱的能量。

2. 教学难点

学生了解亲子沟通模式，学会尊重家人，建立和谐亲子关系。"代沟"的形成有着非常复杂的原因，父母和孩子在亲子沟通中同等重要。帮助学生从沟通内容到沟通模式循序渐进地改善与父母的沟通状态，减少学生的逆反行为，让学生学习换位思考。

（二）我塑我家

1. 教学重点

学生了解自我成长的重要性，积极主动地为家庭的和谐承担起责任。虽然青春期阶段的中职生有较强的独立意识，但是对家庭的责任感普遍缺乏，认为父母才是家庭的主要负责人。通过小组讨论、亲子互动活动、案例引导的方式，帮助学生树立家庭责任感，明确自己的家庭责任内容，形成积极主动承担责任的观念，使学生知道只有每个家庭成员都为家庭做出相应的贡献，家庭才能源源不断地给每个成员提供爱的能量。

2. 教学难点

学生了解作为父母角色需具备的基本知识，学会感恩父母，为建立理想家庭做准备。本节课指导学生在接纳父母的感情基础上，学习了解父母角色的相关知识，如教育理念、教养方式等。深入学习"TA"理论，练习沟通技巧。通过分担家庭责任的活动，体会父母的艰辛，进而产生对父母的感恩之情。通过小组交流、学习和分享对父母的感恩行动。结合自己家庭的实际情况，交流分析理想家庭模式的具体特点，培养建立理想家庭的能力。

第二节　青春期心理健康教育教学过程研究

教师们聚焦青春期心理健康教学过程的设计并反复打磨，基本形成以下共识：第一，活动导入应快速吸引学生，选取贴切的形式，通过与学生身心的互动，在短时间内把学生注意力调节到课堂，自然引入新课；第二，通过案例剖析和互动游戏触发深思，选取典型的案例素材或巧妙的活动体验，引发学生的认知冲击和情感共鸣，引导学生确立正确的价值观并初步了解所需知识，生成所需技能；第三，知识讲授重在提炼，新知识的强化在学生的主动生成中水到渠成地加以提炼，适当地补充经典理论，满足学生认知发展的需要；第四，学以致用促进整合，通过特定的情境强化学生练习，推动他们把所学的知识、技能及态度价值观有效地运用于青春发展的历程中，促进人格的整合和完善。

下面通过在每个单元挑选一个主题活动，展示青春期心理健康课教学的具体推进过程。

一、我的生理成长

（一）课前导入：引发自我探索

引导学生想象站在一面镜子前，看到镜中现在的"我"；接着想象看到孩提时期的"我"。结束后，让学生在白纸上画出脑海中看到的两个"我"，提醒他们注意画出"看"到的所有不同的地方。

组织学生分享：两个"我"有什么区别？关键词是什么？从学生分享中引出青春期生理成长的主题。用冥想和绘画的形式让每个学生参与体验，短时间收集学生对青春期生理成长的理解；分享观点环节可以帮助教师尽快了解学生的观点，掌握学生的基本情况，顺利引入主题。

（二）归纳主题：找出认识误区

教师归纳青春期发育的生理现象，引出体像烦恼的概念，邀请学生在小纸条上写出对问题"在你的生理成长过程中有哪些烦恼"的理解。

理论讲解紧跟在绘画活动后，激发学生积极思考。通过小纸条的形式，卸下学生的防御心理，让他们表达内心真实的想法，"体像烦恼"的收集可以帮助教师明确后面环节的引导方向与重点。

（三）提问讨论：引入激素作用

教师提问："为什么青春期我们的身体会出现这样的变化？"请学生自由发言，找到关键词"荷尔蒙"，教师进一步讲解激素反馈通路以及性激素在身体发育中的不同作用。

教师通过提问的方式，激发学生的兴趣，深入浅出地讲解性激素在生理发育中的重要作用，同时帮助学生厘清一些关于激素的误区，让学生了解男性和女性的体内都存在雄激素和雌激素，明白青春期的发育与激素、遗传和环境等因素都有关系，因而每个人的"体像"是独一无二的。

（四）答疑解惑：走出误区

教师对之前收集的小纸条上的问题进行回应，引导学生认识到青春期的有些变化是暂时的，并介绍青春期的保健常识。

教师通过答疑解惑的形式，既帮助学生走出误区和困惑，也避免了学生当面提问的尴尬。在教师的引导过程中，帮助学生客观看待自己体像上的缺陷和不足。

（五）活动总结：引发思考

教师准备各色信纸若干，让每个学生挑选一张喜欢的信纸，给自己写一封信，内容包含两部分。第一，我最喜欢我身体的哪个部分？是什么时候开始改变的？我是怎么样注意到它的改变的？我为什么喜欢这个部分？第二，我最不满意我身体的哪个部分？为什么不满意？未来还有没有可能继续"成长"？如果不能改变，我该怎么样去接受它呢？最后，邀请学生代表分享自己的信。

写信让学生更多地关注自己喜欢和满意的部分，对于不满意的部分也思考如何接受，并通过学生代表的分享，引发学生进一步思考如何自我悦纳和认同。

二、男性特质与女性特质

（一）课前导入：动物贴图

教师将印有狮子、黑熊、兔子、猫等动物的卡片及白纸发给学生，让学生选择几种动物分别表示男性和女性，并组织学生讨论选择的原因。

（二）意象表演：切入主题

教师以心理意象法进一步引导学生用动物来表演男女不同的性格特点，学生心目中的男性或女性特质往往带有性别刻板印象的特点；在意象表演的基础上通过头脑风暴，请学生对男性及女性特质进行总结，请学生代表将小组讨论结果贴在白板上。

（三）职业归类：合适选择

教师组织学生对常见六种职业按照男性职业、女性职业进行分类，然后呈现与刻板印象相反而内容真实的职业图片，以此突破学生的职业性别刻板印象。以"玩娃娃的男孩梦想成真"为主题，呈现服装设计师吴季刚的成长历程案例。启发学生明白：兴趣和梦想没有性别之分，关键是能否克服消极性别刻板印象，坚持自己的选择。让学生明确性别刻板印象对个体发展的危害以及原因。

（四）归纳提升：自助发展

教师结合教材中的案例《小凡的心声》《小琪的心愿》，引出双性化的概念；根据课前调查结果，向学生反馈"谁是班级最受欢迎的男生女生"，启发学生总结他们身上的双性化特质；请学生找出自己身上五个优秀特质（至少包含一个异性特质），画出手型图，交流展示。

（五）课堂总结

通过本堂课的教学活动，让学生明白女生不必只是被动柔弱，男生也并非只能表现独立大胆，在悦纳自身性别特质的前提下，兼有男女两性优势的双性化特质可以让男生或女生获得幸福与成功。

三、萌动青春情

（一）课前导入：激发兴趣

以动画片《小和尚想老虎》导入，引发学生思考：为什么故事中的老和尚极力阻止小和尚，小和尚还是忍不住地想"老虎"？这个动画片让大家想到了什么？从而引出课题。

（二）引入故事：导入思考

通过阅读教材"青春足迹"中的案例故事《小颖的烦恼：我变坏了》，引导学生讨论：你觉得小颖变坏了吗？她对异性产生好感属于正常吗？如果你是小颖的好朋友，你会怎么帮助她呢？由学生讨论引出不同的答案，引发更多的思考，并在全班分享。

（三）层层提问：理解师长担心

老师从以下几个提问，引导学生从担心的角度思考老师及家长的良苦用心，问题包括：老师和家长是怎么看待青春期情感的？对于老师和家长的态度，你们是怎么看的？为什么很多老师和家长会反对"早恋"并视其为洪水猛兽呢？

（四）发现误区：把握情感

教师组织学生阅读"青春足迹"中的案例故事《小斌的决定》，并进行讨论，引导同学们思考小斌行为的误区。教师结合书本上的答案，归纳总结几种误区：攀比、好奇、模仿、从众、补偿、逆反等。

（五）正确面对：合理建议

通过短视频、图片、心理体验、辩论等形式引导学生能够接纳、理解异性的好感，学会尊重、珍惜，学会用恰当的方式来处理这份美好的情感。

（六）课堂总结

通过本节课内容，让学生明白成熟的恋爱需要我们将自己培养得更优秀，现在主要的任务是学习文化知识和专业技能，为优秀的自己打基础，为成熟的恋爱打基础，为未来的幸福生活打基础。切忌走入攀比、好奇、模仿、从众、补偿、逆反等误区。

四、我的理想爱情

（一）课前导入：猜歌名

教师播放代表不同爱情阶段的音乐，并提出问题：这些都是关于哪方面的歌曲？唱的大概是什么阶段的爱情？以此引出主题。

（二）引入故事：童话里的爱情

教师让学生说出自己知道的美好童话爱情故事，引导学生了解童话中的爱情故事并不是一帆风顺的，也都经历了曲折；通过《美女与野兽》《青蛙王子》的故事，说明爱情并不是只看长相，重要的是一个人的品质。

（三）案例分析：真正的爱情

教师播放《平如美棠》的故事，通过视频中的案例，讲解爱情的四个特点——排他性、冲动性、直觉性、隐秘性；再通过详细分析饶平如的几幅重点漫画，得出结论，真正的爱情要有四个要素——了解、尊重、关心、责任。

教师通过案例分析，帮助学生形象地理解爱情的特点。通过现实故事的讲述，增强说服力，让同学们相信真爱的存在。

（四）小组讨论：爱情的条件

教师发放"爱情卡"，让同学们自由选择，尽量多地选择，并说说自己希望的理想对象需要具备的条件；然后将卡片减少到三张，再次分享自己的爱情目标，明确自己真正想要的爱情是什么样子。学生将自己的三张卡片对应图案，找出自己爱情的主要参考内容，明确自己的爱情价值观。

如果让学生简单说出爱情的条件，他们可能很难想到具体的标准，发放与爱情相关的卡片，让他们挑选，相对容易一些。开始尽量多选，是让他们知道自己可能看重的方向，继而在取舍的过程中，讨论分析自己的目标，才能够真正找到自己最看重的东西。教师在这个过程中，要明确所有条件都没有对错，但是要有主次之分，不能单一地看重某个条件。

（五）课堂总结：播放歌曲《遇见》

教师通过歌词的解读，告诉学生，美好爱情在不远的将来，只要坚持自己的正确观念，努力提升自己，一定会遇到自己的理想爱情。

五、花开应有时

（一）课前导入

教师引入与青春期性行为有关的现象及观点，邀请学生们闭眼通过高举红绿牌表示是否认可。目的有两个：一是给学生创设安全的氛围，二是可以让老师直观了解班级学生对性行为的态度，引入课题。

（二）案例分析：性的动机

教师借助一位同年龄段女生未婚先孕后的心路历程逐一展开，把案例分成三个部分。通过第一部分切入青春期性行为尝试的事实，引发学生思考青春期性行为的动机。绝大多数学生在课前往往认为动机可能是出于好感和好奇，但根据日常生活与咨询中搜集到的信息，该年龄段学生发生性行为的动机是多元的，除了好感和好奇之外还有性生理的冲动和欲望、讨好、叛逆、寻求认同等。当学生获得这样丰富的认知后，对性行为的好奇和尝试就会多一份审慎思考的态度。

（三）案例分析：过早性行为的危害

教师通过案例第二部分，启发学生共情主人公内在的心理状态，加深学生认识过早性行为对心理的影响，并透过文字材料让学生直观地认识到过早性行为对女生生理的影响。教师组织学生通过小组合作学习以及阅读书本材料，全面细致地探索过早性行为可能对男生和女生在生理、心理和社会发展等方面带来的影响和危害。学生通过个人思考、合作探究、知识阅读等途径，经过教师梳理、学生提问等不断强化感受和认识，从而掌握本节课的重点。

（四）案例分析：性的保护

教师通过案例第三部分，引导学生透过心情与颜色的联想，提高共情能力，更深地体验少女未婚先孕后纠结复杂的心情（如憎恨、害怕、绝望、后悔、自责、体谅等），引导他们看见生命中的希望，同时自然而然地产生保持理智、学会自我保护、学会负责的态度。

（五）课堂总结：性的季节

性是人类的本能，是爱情中激情的成分，是生命繁衍的载体，如果能在合适的季节开放是美好的。本课的落脚点要放在这一积极的层面。因此，教师在最后一个环节邀请学生在以上学习、思考的基础上，通过小组合作讨论"做好哪些准备才可以发生性行为"，让学生在思辨的过程中自发地生成并认同"法定婚龄、爱情、婚姻、理智、负责、关怀、尊重、经济基础"等条件准备充足之后再发生性行为才合适。

六、我爱我家

（一）课前导入：身边小故事

教师选择教材中小丽的案例《妈妈，请放手》作为本课导入，邀请两名学生分别扮演小丽和小丽妈妈，通过剧情演绎，有效吸引学生的注意力。教师提问："你对小丽妈妈的做法是如何评价的？"并让学生现场投票，引导学生思考"家是温暖的"，但"争吵与矛盾"也是无法避免的。

（二）引出主题：体验发现

教师运用多媒体、卡片等多种形式为学生呈现父母童年时的玩具与游戏，让学生在讨论的过程中，逐步体会到之所以父母不懂现在的网络用语，是因为父母与自己生长在完全不同的时代；由教师讲授"父母特质"的知识点，引导学生明白在和谐的亲子关系中"理解是基础"。

（三）归纳总结：游戏领悟

教师组织学生分两次尝试游戏"我说你来画"。第一次，学生单纯听教师的指导语，第二次，可以就其中不清楚、不明确的部分与教师沟通核实后再画。活动体验后，教师组织学生小组讨论，归纳出亲子沟通的原则与方法，教师加以补充说明。

（四）课堂总结：解忧杂货店

教师引导学生回到具体情境中，练习换位思考，运用沟通的法则来面对问题、解决问题。在此环节中，邀请学生回到小丽的故事，帮小丽支着儿。通过小组讨论展现学生的应对办法。这对全班同学来说，是一个相互学习的过程，同时教师也能通过学生的反馈来评估本节课的教学效果。

这六个主题活动的教学过程呈现，可以让我们领略到对于青春期的敏感话题，教师们想尽办法，通过写小纸条、闭眼举牌、冥想绘画、卡牌选择等方式加以巧妙化解，引领学生放下戒备，借助案例分析、音视频材料、游戏体验、辩论等丰富多彩的形式对青春话题展开充分探索，学生在与同伴的互动以及教师的引领之下不断获得科学的知识，接纳特定的情绪情感，学习用更为恰当有效的方式应对青春期的困惑，为青春期的健康成长不断丰富和发展各种能力。

参考文献

颜苏勤. 中职生青春期心理健康自助手册[M]. 北京：高等教育出版社，2013.

第八章　课程的拓展活动

　　青春期心理健康教育的课程化教学和课外拓展活动遵循以学生为中心的原则，以心理辅导为手段，侧重交往、自我表达等，聚焦问题，直指心灵，促进了学生的人格发展，在育人育心过程中发挥了积极的作用。青春期心理健康课程课外拓展活动打破了时间限制、实现空间自由、让人际交流更加顺畅，在这里，同学、朋友、老师以及其他人的表达、演讲、交流、互动都会对青少年的成长与成熟产生极大的影响。课外拓展活动与课堂教学相结合，为青春期心理健康教育提供了更丰富多彩的教育形式，在功效上充分发挥了团体辅导与个案辅导相结合的优势，为学生提供了体验、领悟和成长的平台，让普遍化与个性化的心理困扰得以解决，助力青少年的健康成长。

第一节　课外拓展活动

青春期心理健康课程"爱的心港湾"课外拓展活动紧紧围绕《自助手册》展开，其贴合学生实际的主题设计，不仅能让参与的家长、学生和指导教师获益，也能对其他处于青春期的学生起到相应的教育与引导作用，让青春期心理健康教育辐射更多的受众，实现更多人获益。学校是孩子学习成长的地方，而家庭是孩子栖息的港湾，发展心理学认为，家庭是孩子人生第一所学校，父母是孩子第一任老师，孩子的人生观、世界观、价值观和人格特质的形成都与家庭教育、和谐的亲子关系有着密切的联系。然而，青少年常常因自身沟通能力不足，导致亲子关系紧张，这是青春期心理健康教育关注与期待解决的重点问题。

一、活动主题设计与实施

青春期心理健康课程不仅在课内有效，也能在课外拓展活动中发挥积极作用，如"爱的心港湾"的课外拓展活动——"创造亲子和谐关系成长营"的活动设计与实施，体现了课外拓展活动在青春期心理健康教育中的价值和意义。课外拓展活动为亲子互动提供了交流的环境，在心理老师的指导下，在活动的实践中，聚焦问题，层层引导，让《自助手册》课程内容拓展到课外与生活中。

（一）活动目的

"爱的心港湾"的教学目标是帮助孩子在家庭中学会换位思考，了解亲子沟通的模式，积极主动地去建立和谐的亲子关系，不断成长。因为课堂教学仅针对学生开展教育，缺少了亲子沟通、互动的指导平台，若结合课外拓展活动，则能更好地帮助青少年健康成长。

青春期心理健康教育的课堂教学由于时间、场地和对象的限制，对家庭亲子沟通和互动式体验的指导功能有限，在家校携手共同努力下，"创造亲子和谐关系成长营"课外拓展活动为课堂教学提供了有益的补充。它能帮助家长与孩子创建交流、交往平台，让亲子间得到密切沟通与配合的机会，提升孩子的沟通能力，在设计的活动中让家长和孩子齐参与，时间可以灵活掌握，场地也可以拓展到户外，更好地帮助家长和孩子学会换位思考，增进亲子间感情，促进孩子身心健康成长。同时，心理老师的指导可以帮助家长了解青春期孩子的心理特点，让家长在团体活动中帮助孩子成长为"阳光少年"，成为孩子成长路上最有力的支持者。

（二）活动内容

在实践"创造亲子和谐关系成长营"课外拓展活动中，主要以理论和实践相结合的方式达到效果。拓展活动分两部分进行，第一部分是专题讲座，以"指导家长掌握同青春期青少年沟通的技巧，成为一名知心家长"为主题；对学生开展感恩教育，以"让心灵的天空更灿烂"为主题，从意识层面帮助家庭成员认识家的意义，帮助学生掌握亲子沟通技巧，培养孩子爱家的感恩心。

第二部分是户外拓展活动，主要分五个环节进行，通过亲子互动，增进彼此的亲密关系。理论部分贴合《自助手册》课堂教学的教学目标，增加对家长的家庭心理健康教育指导，落实学生的感恩教育内容，使得家长也参与到教育活动中来，让亲子互动实现良性循环，进一步提升青春期心理健康教育的有效性；实践部分则以活动体验的方式，让亲子关系在互动中体验、分享与成长。具体内容为以下环节。

环节一：共同期许，表达心愿

1. 家长和孩子分别把自己的手型画在白布上。
2. 家长在手型图的 5 个手指上分别写下对孩子的 5 个希望。
3. 孩子在手型图的 5 个手指上分别写下 5 个对家长的期盼。
4. 参与者参观所有家庭在画布上留下的手印及期许话语，分享感悟。

环节二：爱的指令，体验亲情

1. 指导老师讲述活动的规则。当指导老师举起一块手牌，家长或学生需作出相对应的动作。例如：指导老师举手牌"表达感谢"时，帮助和引导学生学习如何对家长表达感谢，如对家长说一句感恩的话语。
2. 学生围成一个圆圈，家长在学生外圈围成一个同心圆，每个家长和白己孩子相对应，指导老师站在同心圆中心指导活动。

3. 活动开展，指导老师依次指导学生"表达感谢""表达爱意"，学生学会后向家长展示成果。指导老师向家长示范指导语，如竖起大拇指表达赞许，说"孩子你真棒！"家长先学习一遍，再说给孩子听。最后，指导老师举手牌"互相拥抱"，孩子与家长进行亲子拥抱，体会亲情的温暖。

4. 参与者回想在接收指令并作出动作的过程中，是否说出了一些平时没有机会说或不敢说的话，以此来鼓励亲子双方在生活中也要勇于表达，明白多一份沟通与交流，就会少一份疏远与隔阂。

环节三：共闯难关，体验信任

体验亲子关系中信任的重要性，"盲人"（家长）在合作中学会信任"引导者"（孩子），用平等的态度和孩子交流，"引导者"（孩子）则提升沟通表达能力，帮助"盲人"（家长），亲子双方共同学习换位思考的技能。

1. 指导老师团队在操场布置障碍。

2. 由家长做"盲人"，孩子做"引导者"，在障碍设置完毕后，给予1分钟亲子沟通实践。

3. 活动引导语："创造亲子和谐关系成长营"的成员们，通过"爱的指令，体验亲情"活动，你们之间的感情得到了进一步加深，当遭遇到困难时，亲子团队们，你们如何共同应对呢？

活动要求："引导者"要安全地把"盲人"带到终点。"引导者"和一名戴上眼罩的"盲人"组成亲子团队，"盲人"在"引导者"的指导下穿越障碍区，碰到低矮的路障可以跨过去，较高的路障可以钻过去，中等的路障可以绕过去。全程要在确保安全的情况下完成活动内容。

4. 开展活动，活动限时5分钟，指导老师全程陪同，引导亲子双方良性互动，保障活动参与者的安全。

5. 总结与分享，所有家庭小组完成路障穿越任务后围坐成一圈，"引导者"（孩子）分享如何更好地与家长沟通，学会换位思考的技能，帮助家长共渡难关；"盲人"（家长）分享在无助、黑暗中是如何了解孩子的沟通模式并学会信任孩子，以平等的态度和孩子交流，指导老师进行引导与总结。

环节四：与你同在，体验成功

在亲子合作中，体验合作的重要性，尝试理解对方、帮助对方，共同努力获得成功，感受合作带来的喜悦。在团队活动中，家长做好榜样，引导孩子提升集体荣誉感，促进亲子关系的良性发展。

1. 指导老师介绍游戏规则，邀请12人亲子团队小组首次尝试。两人将相邻腿绑定，绑绳的位置不能高于膝盖也不能低于脚踝，两人、三条腿行走。邀请他们在没有任何沟通准备的情况下尝试走15秒，其他参与者观察他们的表现。

2. 引导发现问题，共同想出办法。指导老师指导团队沟通与分享：要想走得远、走得快，怎样才能实现呢？注意一起动脑筋，仔细倾听，相互协商。想要成功不仅要掌握正确的方法，还要和组员（亲子之间）不断练习、密切配合。

3. 磨合练习，体验合作改进。每组的小团队运用协商好的绑绳方法，在5分钟时间里进行磨合练习，要相互鼓励、不断改进。

4. 集体挑战，享受合作乐趣。在指导老师的带领下，分别在活动区域内开展两人三足活动，所有成员完成后，活动结束。要求在团体活动过程中，团队的成员都要给队友不断加油鼓励，不做批判和指责。

5. 回顾过程，总结感想。指导老师采访和询问三个亲子组代表，鼓励亲子小组总结成功的原因，并相互去肯定组员的贡献，寻找可以改进的地方，引导他们在合作中增进情感的交流，鼓励他们讲出自己的感受，促进亲子之间的亲密关系发展。

环节五：见证成长，青春告白

1. 家长与孩子相互表达感谢。

2. 讨论在团体活动中有哪些收获：活动过程中，你积极参与了吗？你对自己的表现如何评价（如果1分代表比较糟糕，10分代表非常好，你会给自己打几分？）用一句话在留言区写出自己的感受。

3. 活动总结：对大家的留言进行点评。

4. 结束语：在亲子互动中，我们要更主动地去了解彼此；在团队合作中，我们要主动承担、真诚奉献；在亲子交流中，我们要多肯定和赞美彼此的付出，稳定情绪，不随意评判他人，那么我们就能拥有更和谐的亲子关系。

二、活动的收获与成长

"爱的心港湾"主题拓展活动"创造亲子和谐关系成长营"的开展对促进亲子间的良性互动和亲密感有很大的作用。指导老师、家长与学生三方参与者都在活动中有不同程度的收获。"创造亲子和谐关系成长营"活动提供给参与者一次看见、面对、改变的机会。指导老师能够在实践中提升指导能力；家长通过活动重拾改善亲子关系的信心，学习与掌握和孩子沟通的方法；而学生则在活动中更好地去表达、主动去沟通。活动让亲子之间听见彼此的心声，切实促进了参与者的成长。

（一）指导老师的收获

《自助手册》的教学形式、内容的不断提升，需要教师提升自身理论功底，更深入地了解当代家长和学生的特点，"创造亲子和谐关系成长营"的整个活动设计与实践恰恰为指导老师提供了这样的机会。

在理论部分的讲座中，青春期心理健康教育的内容得以延展，从积极心理角度去深入挖掘资源，更为有效地提升了教师的理论功底；在实践过程中，通过五个环节活动层层递进，考验了指导老师的共情、倾听和自我觉察能力，也让指导老师了解了学生和家长的真实心声。

指导老师通过活动指导能不断地感受到孩子和父母之间的爱在流动。例如，在"共同期许，表达心愿"的活动环节中，当其他家庭组员已经写满五个期许和心愿时，指导老师观察到其中一对父女，手型图上全是空白，双方只是偷偷地注视，没有语言的交流。这时，指导老师发挥了积极的作用，她主动走过去提醒父女俩，结果爸爸说不会写字，指导老师改请爸爸口头说，让女儿执笔，爸爸依然十分迟疑。于是，指导老师请孩子先写下对爸爸的期待，当看到孩子写下的期望之一是"希望爸爸不要忧愁"，爸爸的脸上闪现了复杂的表情，惊愕、凝重、慰藉、感动……指导老师向爸爸求证："孩子似乎感受到您有时比较忧愁，是这样吗？"爸爸默默点头："我没想到孩子这么细心！"指导老师再次提出让爸爸说说对孩子的期待，爸爸说："希望她能够平安、开心。"就这样一个简单的期待，孩子特别感动，父女一起感谢指导老师。活动结束的分享环节，这个孩子对爸爸认真地说："我只想说爱你！"爱，是活动的目标，也贯穿了活动的全过程。整个活动中，大家共同见证了爱的不同形式：无奈的爱、内敛的爱、温暖的爱、热情的爱……

指导老师在整个实践活动中，以敏锐的觉察、积极的指导，帮助亲子更好地表达期待，打开了良性沟通的第一步。这样的实践能够让指导老师提升团辅活动指导的灵活性，同时在应对技巧和倾听能力方面也得到了锻炼，也深深体验到实践活动的意义。

（二）家长的收获

在儿童期的亲子互动中，家长与孩子之间有更多的依恋，关系更加紧密，父母对孩子的关心也更多。青春期的亲子之间往往缺乏主动的沟通，学生进入到叛逆期，追求个人的独立和自主，与家长的沟通中矛盾冲突较多。在"创造亲子和谐关系成长营"拓展活动中，家长通过心理讲座和户外拓展创设的"有爱要好好表达，有话要好好说"的情景下，看见、感受、表达、感动，促进了亲子之间的亲密关系。

例如，参与活动的一位家长分享："第二个环节'体验亲情'活动中，亲子的拥抱让我感动落泪，这是我从孩子上小学后第一次拥抱孩子，那一刻的感动让我觉得离孩子更近了。"中国传统的亲情表达比较内敛、深沉，而"体验亲情"的设计，则通过拥抱这样直接的表达进一步拉近了亲子距离。

第三环节活动中，孩子一步步引导自己的父母，迈过一道道路障，把他们引向目的地。这个环节为家长提供了一次被照顾的角色体验，家长在此环节觉察和体会较多。其中一位家长分享："我第一次感受到孩子的认真负责，感受到孩子对我的关切和照顾我的小心翼翼……小心头上的树枝、脚下的石子这样温柔的提醒也让我觉得以后要在和孩子的互动中多一点耐心，少一点责备。"

亲子关系的改善仅仅依靠讲道理比较难以达成效果，而体验与良性互动往往能很好地解决问题。实践活动创设亲子角色的互换情境，帮助家长和学生学会换位思考的技能，让学生成为指导照顾的一方，家长成为被引导被照顾的一方。活动让学生体验到承担责任、做决策、照顾他人的感受，从而更好地去理解父母；而父母则体验到迷茫中渴求被照顾的感受，学会信任孩子，从而更好地学习用耐心、温和的态度去指导孩子成长，最终达成实现亲子良性互动的目的。

（三）学生的收获

"创造亲子和谐关系成长营"课外拓展活动中，也会发生参与活动的一些家庭的亲子关系比较紧张，孩子和家长完全没有交流，而且也不能实现良好互动的情况。原本对立和紧张的亲子关系，在冲突表达后能否实现转变；在冲突的情境下，如何去做改变，用什么方法改变，这是对青春期学生巨大的考验。大部分参与的学生表示活动很有意义，也意识到自身的成长对于亲子关系和谐有非常重要的作用。

回顾拓展活动过程，可以体会到活动对学生成长的促进，对亲子关系的改善。在环节一"共同期许，表达心愿"活动中，孩子从不想沟通到有话想对家长说。例如活动中，一位指导老师请孩子写下对父母的期许，孩子许久都没有开始动笔，在指导老师询问下，孩子表示，写了也没用，他们根本做不到，眼神中充满了失望，而家长的回应中充满了指责。在指导老师的引导和帮助下，这个孩子表示下次说话的时候，希望家长不要打断他的话，听完再批评，这时，爸爸默默地点头了。孩子很郑重地把这个期待写在了画布上，在爸爸的带领下，妈妈也表示尊重孩子的意愿。后期的亲子沟通在尊重、协商中完成，原本对立和紧张的亲子关系得到了缓和。

在环节二"爱的指令，体验亲情"活动中，孩子从无法表达爱到亲子互动表达"我爱你"。活动一开始，孩子跟着指导老师学习对家长表达感谢和爱意的方法，显得非常生硬，甚至需要指导老师不断鼓励和督促才能完成。在最后，孩子勉强和父母拥抱了。但在彼此的拥抱中，孩子表示和父母拥抱感觉自己也变得更强大了，父母的拥抱给了自己很多的力量！这样的鼓励，让父母把孩子抱得更紧了些，亲密的感觉在这个活动中得到了强化。

环节三"共闯难关，体验信任"的活动给孩子们带来了更大的感动，孩子用耐心与行动向家长表达"我真的很爱你"。例如活动中，父母是在扮演"盲人"的状态下边走边分享，他们赞许孩子："没想到你这么细心，把我照顾得特别好，让我很放心，突然感觉你真的长大了！"孩子在听到父母的话后，热泪盈眶。从孩子先迈出主动沟通的第一步后，父母也学会了用赞许的方式肯定孩子的行为。亲子共同努力、快速地完成了活动。事后父母说，还是第一次这么顺利和孩子共同完成一项任务，终于体验到了好好交流的感觉。

在环节四中，亲子关系已经从对立、无交流转变成了密切配合、彼此包容的状态。最后环节的分享中，很多参与的学生说："这次活动让我们同父母近距离地感受彼此，能够更好地表达心声，说出心中的爱，希望这份可贵的亲情能帮助我们在以后有矛盾的时候渡过难关！"

第二节 主题演讲活动

青少年的青春期心理问题主要呈现为生理和心理变化、悦纳自我、异性交往、性的自我保护、家庭关系等几大重点，围绕《自助手册》展开的青春期心理健康课程在这几大重点主题上，帮助青春期的学生正确认识和解决了相应的问题，主题演讲活动则以心理老师辅导、学生表达、互相学习、成果辐射等方式让青少年自由叙述典型的青春故事，更好地把课堂学习的心理学知识运用到实践中，个性化地解决青春期心理问题，提升了中职生的心理健康水平，进而促进学生健康人格的形成。中职生青春期主题演讲活动是对青春期心理健康教育课程的课外延伸，也是教师倾听学生心声和学生学习心得分享的重要平台，在活动中，学生成为主角，他们以自身的青春故事带给同伴启迪、感悟与力量。

一、活动主题设计与实施

中职生青春期主题演讲活动是积极心理学运用的重要体现，聚焦青春期学生发展性问题，从积极视角帮助学生解决典型问题。演讲活动的主题选择、演讲个别辅导、演讲展示和专家点评都符合积极心理学的特点，重点关注青少年正面的、积极的心理品质，充分挖掘他们固有的、潜在的、具有建设性的力量，促进青少年人格的健康发展。从2015年至2019年，连续举办了的上海市五届中职学校青春期主题演讲活动，主办方、参与者都在不断实践中实现成长。

（一）活动设计与优化

青春期主题演讲活动围绕《自助手册》展开，活动形式、内涵和方式不断改善。从2015年以学生逐一演讲，遵循评奖评价方式，到2019年逐渐转化，开始注重学校教育与媒体宣传相结合，让青春期主题演讲成果辐射到全国的青少年群体；在形式上，演讲会演模式更为丰富，以艺术节目、主题演讲、论坛等形式开展；在内容上，注重分享性、故事性，与青春期中职生更为贴合；在演讲的主题上，从"青春期——成长与责任"到"青春期——奋斗、追逐、梦想"，发挥了积极引领的效果，主题内容更加贴合时代的变化、学生的心理变化，取得了良好的效果。

（二）活动的作用

从上海市历届中职学校青春期主题演讲活动实践与讲稿分析可以发现，每一次精彩的演讲和每一份讲稿的背后都有一段心理老师对青春期学生困惑的指导与帮助，最终的主题演讲展示是学生成长历程的经验分享。

1. 促进了家庭亲子关系的和谐

青少年的独立需要和个人责任感会让父母感到迷惑和冲突。当父母感觉孩子跳出了自己的掌控，他们会迫切地希望有更多控制，于是双方产生激烈的情感碰撞。这些冲突如何智慧地去化解？在中职生演讲会演中，在一个个生动的个案呈现中，更能让彼此相互倾听，共同智慧地解决问题。

例如围绕"爱的心港湾"主题展开的演讲《感恩父母，回报社会》，真挚感人，让人产生内心共鸣。这个讲述自身烫伤经历的孩子，在父母的爱的滋养中成长，用爱感恩父母、帮助他人，传递了满满的正能量。这个演讲故事的背后，蕴含了心理老师与演讲学生一起努力的探索过程，让演讲呈现了在逆境中时刻充满积极乐观、满怀感恩的正能量，给其他青春期中职生打开了一个新的认知视角。再如《梦想让青春更璀璨》演讲中，首先呈现的是关于家庭不良现状的反省，想要改变这一现状的积极动力让演讲人开始为了梦想一步步努力。这样的成长经历让学生在讲述自身成长故事的同时，也宣扬了不畏困难、勇于拼搏的优良心理品质。就亲子沟通的部分，很多演讲者都用生动、真实的亲身经历讲明了由误解父母到爱父母、理解父母的转变。演讲活动让更多青春期的学生从演讲者的故事中汲取力量，有助于他们更好地度过青春期。

2. 促进了青少年在异性交往方面的成长

美国著名精神医学家、精神分析的社会文化学派代表人物之一沙利文在研究中指出，约会和浪漫关系使得青春期的学生面临一种全新的人际交往问题，这完全不同于以往与父母和朋友的交往。青春期的学生通过这种亲密的友谊习得一种成熟的爱，正是这种合作导向以及对朋友需求的敏感性构成了获得令人满意的婚姻关系的基础。然而这些过程并非易事，处理不当会让青春期的学生产生挫折感、内疚感和不安全感。心理教育工作者要正确引导，做青春期学生的"守护神"，就不能缺少对学生内在心声的积极关注与倾听。中职生演讲会演提供的就是这样一个生命与生命在灵魂最深处相遇的舞台。

例如围绕"爱的能量棒"主题展开的演讲《爱是需要能力的》，演讲人用自己的"异性交往"故事展现了青春期心理课程学习的成果。从萌动的感情到尝试交往，从遭遇挫折到理智思考，故事娓娓道来，引发了广大学生的共鸣。演讲人在课程学习后自我探索了关于爱的能力的几个问题："我为什么喜欢这个人？他最吸引我的地方在哪里？我对这个人了解吗？他有哪些优点缺点？如果他很优秀，我有哪些方面可以获得他的尊重和爱慕？现在的我有什么能力和条件使这份感情稳定发展？"几个问题的思考让她发现"萌动情"还不是爱，当认识到自身的情感只是一时迷恋，没有能力去承担时，她坦然放手，重新"让梦想藏于心，责任扛于肩，成长行于脚下"。演讲人的领悟是青春期心理健康课程教育有效的例证。同主题的《爱是一种能力》则以青春期"异性交往之情"作为主题，阐述了自己在青春期对待异性之情的深刻认识，以懂爱、品爱、感受爱为主线，号召大家培养爱的能力。正如诗人塞缪尔·厄尔曼在《青春》一文中所写："青春不是年华，而是心境；青春不是桃面、丹唇、柔膝，而是深沉的意志、恢宏的想象、炽热的感情；青春是生命的深泉涌流。"演讲人认识到在青春期要提升爱的能力，成年后可以收获幸福的亲密关系，这样的成长认识体现了青春期心理健康课程教育与引导的效果。情之感人在于真与纯，正是这样的讲述方式引人深思，起到了良好的效果。

演讲活动中对异性交往的理解与反思，体现了新时代学生对异性交往、恋爱的觉察和深度思考，展现了中职生对异性交往中的责任、付出、奋斗追梦的积极正向的思考，在行动中展现了应对的能力。

3. 促进了青春期中职生的身心成长

演讲围绕《自助手册》内容，对青春期体像烦恼的克服、性别悦纳、对异性交往的深思、亲子关系和谐等方面提供了更多不同视角，也体现了青春期心理健康课程深入学生的心灵，是对课堂教学成果的检验。正如演讲会演专家点评中所言："青春期心理健康教学的优质课程，无疑为中职生平安、顺利度过青春期提供了重要保障。"演讲会演活动不仅为中职生搭建了展示青春风采、交流青春困惑与感悟的舞台，更使他们正确认识青春的定义和价值；对于教育工作者来说，这不仅是了解学生内心世界的渠道，更是教师坚定教育追求，反思改进教育教学方法的良好途径。

  以上只是一些典型的演讲案例，在连续五年的演讲活动中，优秀的演讲稿件和展现对青春期学生的正向引导作用效果显著。罗杰斯在《论人的成长》一书中写道："当我有勇气允许他人表现真实的自己，或者与我不同时，我由衷地感到高兴。当我允许自己表达真实的自己，让他人明白或者允许他人真实表达时，我感到很满意。"中职生青春期主题演讲活动在上海市中职学校里挑选最优质的演讲案例，集中为学生展示，允许这些学生真实表达自己，同时也让倾听的师生多了一个了解真实"青春中职生"的舞台。在这样的活动中，师生彼此产生共鸣，在团体中获得成长。

二、中职生在活动中的收获与成长

  中职生青春期主题演讲活动的开展给学生提供了展示的舞台。经过层层选拔和各中职学校心理教师的认真辅导，上海市的优秀中职生汇聚一堂，在专家、领导与教师的关注、指导下，开展全市范围的分享与交流。这样一种围绕《自助手册》内容，对青春期心理困惑进行讲述的故事分享，检验了青春期心理健康课程的教学成果，在相互交流中，分享解决青春期困惑的智慧，触动学生的心灵，实现了学生与教师的共同成长。

（一）演讲活动帮助学生解决情感困惑

  南湖职校的心理老师在指导学生进行《拨开迷雾，呵护花季》的主题演讲活动过程中，就是以个案咨询的方式发掘了主人公的青春故事。通过建议学生读《自助手册》、在咨询中讨论恋爱观念等方式，帮助学生树立了正确的恋爱观。通过咨询，学生从刚开始对爱情的朦胧感，再到后来的思考判断，最后豁然开朗，明白了青春是美好的，且需要珍惜与呵护。心理老师在指导学生演讲过程中完成了对个案指导的梳理以及对辅导成果的巩固；学生则通过演讲活动，以叙事、讲述的方式探索内在自我，解决了青春期的情感困惑，同时把教育成果辐射给有类似困惑的其他学生。

（二）演讲活动帮助学生更真实地表达自我

杨浦职校的心理老师在指导学生异性交往的主题演讲过程中，也有很多体会与成长。在《做更好的自己，遇见最好的他》的主题演讲中，女生从室友的失恋中获得反思，总结了几点应对失恋挫折的方法，老师在指导过程中很好地倾听了学生的心声，从她处理恋爱挫折的智慧中更深入地了解了当代中职生。在彼此的交流沟通中，指导老师和演讲者共同总结了一种想要传达给大家的心态："再烦，也别忘微笑；再急，也要注意语气；再苦，也别忘坚持；再累，也要爱自己。"在这个过程中，随着关系进一步融洽，演讲的学生开始向指导老师讲述自己的异性交往挫折故事。学生表示，自己曾经难以忘怀，总有很多的苦痛无人言说，在这个活动契机下终于释放。"我和生活握手言和，为了更好的自己，奋起直追，充满活力地去欣赏生活中的成就和欣喜，赞扬自己的每一次进步。我相信，遇见更好的自己，才能遇见更好的他。"演讲活动提供了一次师生深入交流的机会，在指导演讲与修改文稿过程中，心理老师能够带有同理心地倾听，接受和重视他人，演讲人则从旁观者转变成倾诉者，这在人际关系中会带来更好的沟通和建设性的个性改变。最终，参与演讲的学生从他人视角的理性发言转化为自我探索、自我成长的真情吐露，更真实地表达了自我。

参考文献

［1］杨敏毅，鞠瑞利．学校团体心理游戏教程与案例［M］．上海：上海科学普及出版社，2006.

［2］卡尔·罗杰斯．论人的成长［M］．石孟磊，等，译．北京：世界图书出版公司，2018.

［3］约翰·桑特洛克．青少年心理学［M］．寇彧，等，译．北京：人民邮电出版社，2013.

［4］颜苏勤．团体心理辅导主题活动方案［M］．北京：高等教育出版社，2015.

第九章　典型案例与辅导

中职生处在身心发展的重要阶段，在这个"心理断乳期"中，比较容易出现发展性问题，较典型的有自我认同、情绪情感困惑以及亲子关系。这个时期的中职生还没能全面、正确地认识自我，需确定自己要承担的角色，从而获得自我认同感；他们年少气盛，情绪容易跌宕起伏；他们既想独立，又离不开对父母的依赖。针对上述典型问题，教师可以在青春期心理健康课程中开展相关教学活动，同时对个别学生进行个案辅导。在实践过程中，教师需要帮助学生正确对待他人评价，客观地评价自我、悦纳自我；学生需要对情绪有所了解，并学会合理表达，有效、积极地面对和处理亲子关系中的沟通问题。

第一节　自我认同案例与辅导

处于青春期的中职生正经历心理构建的关键期，他们对自身及外界事物的认识有了独立的思考和见解，对于内在的感觉、外界的评价等都非常敏感。这个时期的学生在学习、生活上面临着不同程度的心理冲突和困惑，由于身心发展还不成熟，在面对现实问题时往往会感到迷茫，从而出现自信心不足、"理想我"和"现实我"不一致、自我评价偏低及遇到困难易退缩等情况。

自我认同感强的个体能够理智看待各类冲突和困惑，接纳自己，有明确的人生目标，积极面对生活的不如意。而自我认同感弱的个体较容易失去自我价值感，不知道"我是谁"，自我力量被削弱，最终阻碍自身社会适应能力的发展。对这个阶段的学生而言，自我认同是一种挑战，在内心矛盾和冲突非常激烈时，如果不及时加以引导，个体可能会处于"角色混乱"的状态之中，失去自信，不知道自己想要什么，产生自我认同危机，阻碍个体的正常发展。

因此，中职生需要理解所要承担的社会角色的意义，增强自我认同感，健康成长。

一、中职生自我认同现状

中职生有其群体特殊性。不少学生的学习能力与高中生相比有较大差距，学业成绩的不理想会对他们内在的自我价值感产生一定影响。由于未考上高中，他们会质疑自身的能力，自信心普遍不高。有的学生认为进入中职学校就是混个文凭，还有的学生在言行举止上出现很多问题，自律性欠缺。由于这些学生一直以来得到的表扬较少，受到的批评较多，加上来自社会的种种偏差性评价，他们未能形成良好的自我认同感，从而产生自我认同危机。中职生的自我认同状况有如下几种现象。

自信心不足，易自卑。不少中职生之前的学业成绩不理想，还因犯错经常受到老师的批评、家长的训斥。他们的自信心不高，自尊心受挫，常常自我怀疑和否定，有的学生存在破罐破摔的心态，自暴自弃，得过且过。这种心理冲突往往会使中职生对未来感到迷茫。

"理想我"与"现实我"不一致。中职生处于青春期，这美好的年龄阶段承载着花季的梦想，他们心中拥有理想的自我定位。然而，由于知识能力不足、心理发展不成熟等各方面原因，有些学生无法在理想和现实中找到真正的自己，他们对"现实我"表现出不满，自我定位产生偏差，"理想我"与"现实我"无法呈现一致性。

自我评价偏低。中职生处于青少年时期，身心发育还未成熟，往往会产生很多不合理的想法，看问题易以偏概全，一遇到失败，往往归因为自己不行，过分看低自己的价值。

遇到困难易退缩。许多中职生在面临困难时，情绪波动较大，虽然不甘放弃，但又缺乏战胜困难的决心、方法或持之以恒的意志力，往往止步不前，无所适从，最终产生退缩的念头。

二、自我认同危机成因分析

当中职生面对理想与现实的落差、自信心不足、无法从容处理困难时，自我认同感降低，继而易出现自我认同危机。当自我认同危机发生时，个体会丧失自我身份感，不知道自己是谁，不知道自己存在的价值。中职生的自我认同危机成因主要有以下几种。

继续学习能力弱。中职生过往学业成绩不佳，文化课基础较差，学习动机不强，学习效能感低。他们存在不同程度的学习懈怠，这影响到了其继续学习能力。有的学生便安于现状，不求上进，从而影响自信心的发展。

自我价值感不强。不少中职生没有形成正确的自我意识，缺乏自我责任感，没有明确的人生奋斗目标，对未来没有规划，感到茫然。当自我价值感不强时，会削弱人日常生活的方向感。

对自身的社会角色认可度不高。不少中职生系中考落榜没有考上高中，有的并不完全认可职业教育的价值，认为进入中职学校就是混一张文凭。他们无法给自己进行合理的社会定位，对当下的社会角色认可度不高，从而对自己所处的环境也漠不关心，我行我素。有的学生甚至表现出迟到、旷课，不服从老师管理等违反纪律的行为。

三、帮助中职生获得自我认同感的若干建议

根据中职生自我认同现状和自我认同危机成因分析，现提出如下帮助他们有效获得自我认同感的建议。

提升学生自我价值感。教师可以从学生的兴趣、爱好等入手，挖掘他们个人发展的优势，适当给予他们表现自己特长和爱好的机会。学校可以多开展积极向上的校园文化活动，为中职生提供锻炼和展示自己的平台。学生也可以通过参加各类活动，克服自卑心理，强化集体意识，提升自我价值感。当学生有了成功体验，自我认同感也会随之增强。

多角度给予评价。教师要用发展的眼光看待学生，让学生在发展性评价中学会自我认同。不因学生成绩不理想或者经常违反校纪校规而一味批评、否定。当学生有进步时及时给予赞扬和肯定，在他们遭遇失败后，也不断给予激励。要帮助学生增强自信心，提升肯定自己的能力，勇敢迎接挑战。

强化专业认同感。中职学校的教学是为了培养掌握专门技术的操作性人才，增强学生在技能方面的学习，可以帮助他们获得学习的价值感。教师可以从实际出发，调整作业难度，减少学生在学业上的受挫感。学校可多给学生提供实训机会，通过加强校企合作等途径加深学生对所学专业的认识，增强他们对专业的认同感。

重视心理健康教育。学校要为学生营造良好的心理环境，重视心理健康教育工作，积极开设心理健康教育课程并开展心理辅导，多途径为学生解决心理困惑。

四、典型案例

（一）基本情况

小昊，男，某中职学校一年级学生。他我行我素，漠视校规校纪，学习成绩不理想，有过旷课、逃学、顶撞老师等行为。在学校里，他经常按照自己的想法做事，不顾及他人的感受，没有知心朋友。平日他打扮比较有个性，佩戴挂饰、染头发，在人群中特别显眼。因各类违纪行为，他经常受到老师

的批评。

据小昊自己陈述，他初中时就有旷课的现象，成绩不理想，总是挨批评。来到中职学校后就想混个文凭，早日踏入社会开始工作。因为开学时上课没有认真听讲，所以很多门课感觉跟不上，期中考试也有多门不及格，在学习上力不从心。他认为自己学习能力很差，干脆得过且过、破罐破摔，甚至还有过退学的念头。有时，他也不是有意顶撞老师，老师的批评让他感觉没有面子，为了在同学面前能留点"尊严"，就和老师唱反调了。但是他心里也明白，如果不继续学业，在社会上仅凭初中文凭不会有很多的职业选择，然而自己又无心学习，有种无力感。他也有自己的梦想，但感觉遥不可及，对于未来，小昊感到很迷茫。

小昊的父母平时忙于工作，周末还经常加班，陪伴他的时间不多，所以他们尽量在物质上满足他，每月给他足够多的零花钱，只要是物质上的要求，父母都会给予支持。到了中职学校申请住宿后，原本忙碌的父母和小昊的沟通就更少了。只有当儿子发生违纪行为，接到老师通知后，父母才会停下工作，给予小昊关注。

（二）案例分析

小昊在进入中职学校之前，就常受到老师的批评，到了新环境，因为种种违纪行为，也经常得到负面的评价。他在批评声中变得越发不自信，行为上也越来越没有约束性。在学校里他得不到认可，没有知心朋友；在家中，只有他犯错误时，才与父母有实际性的互动。周围人对他都是消极的评价，他用破坏校规校纪的行为，让自己获得存在感。

1. 他人及自我评价不高

小昊接收到的基本都是负面评价，面对这些评价，他选择"破罐破摔"，而这样的做法又令他得到更多的批评，如此恶性循环，小昊越发不自信。在周围人的不认可中，他依靠"出格"的行为来证明自己的存在。

2. 现实与梦想冲突

小昊也曾拥有梦想，只是现实让他认为自己根本无法实现，而自己又感到无力去改变现状。他的"现实我"和"理想我"发生冲突，无法达成一致。他对于"我是谁""我要做什么"感到困惑，因而对未来感到一片茫然。

3. 通过消极行为寻求关注

小昊非常渴望得到别人的认可，用非寻常的行为引起他人注意，反而使得同伴都远离他。父母因工作繁忙，用物质替代"关爱"来满足小昊，但是小昊所需要的并非这些，他用违纪行为寻求父母的关注，寻求自我存在感。

（三）辅导过程

青春期的少年需要为自己确定生活目标，对理想、职业、人生观等作出思考和选择。而小昊的自我认同感非常不清晰，他不知道自己要什么，想成为什么样的人。咨询师帮助小昊调整认知，重新审视自己，从发现自身优势入手，促进其自我认同的发展，通过经历成功体验来树立自信心，提升自我价值感。

1. 拉近心理距离

小昊由于经常出现违反校规校纪的行为，遭到很多的批评与指责，他对老师存有戒备心，面对各种教育，总是摆出一副心不在焉的样子。要与小昊建立良好的咨询关系，理解和接纳是必不可少的。咨询师发现，小昊虽然曾经旷课，甚至有退学的念头，但是还会坚持来学校，便以此为切入口，把关注点放在他表现尚可的时候。小昊表示他也想继续学业，拿到毕业文凭，不辜负父母的期望，但是执行上又遇到很多困难，讨厌被各种校规校纪束缚，自己也很矛盾。咨询师对他的心理冲突表示理解，从他不想辜负父母的期望看出，虽然与父母沟通不多，但是他能在一定程度上理解家长。当小昊觉得咨询师能认可他做得好的方面时，慢慢开始愿意更多地表达自己了。

2. 调整内在认知

在小昊的认知里，很多老师都针对他，同学们也不喜欢他。咨询师引导小昊思考，什么时候老师没那么针对他，那时的他是什么样的。小昊回答说，当他按要求做的时候，老师们没有再指责他。咨询师告诉小昊，在与他的交谈中能感受到小昊对自己的尊重，相信他是有能力对他人表达尊重的。小昊很惊讶咨询师对他做了这样的评价。此外，咨询师给小昊布置了一个任务，在一周时间里，不论周围的人对他持何态度，希望他试着尊重对待周围每一个人，哪怕不给礼貌的回应，也不要有过激的行为，然后观察一下他人的反应。同时，咨询师和小昊提前进行了角色扮演，让他知道如何在回应他人时表达尊重。一周后，小昊反馈了完成任务的情况，他表示，虽然在回应别人时有些别扭，但是好像别人看他的眼光是有些不同，但具体也说不上来什么样的不同。不过，这一周他心里感觉比之前开心些。

3. 挖掘自我优势

小昊的自我评价很低，他感觉自己没什么事能做好，学习成绩和行为表现都不行，没有人喜欢他，有着深深的挫败感。咨询师让小昊回忆曾经成功的体验，他提到自己绘画很好，教艺术欣赏这门课的老师曾经表扬过他，现在还在坚持画画。咨询师引导他回想是如何在绘画方面坚持下来的，画画过程中都存在过哪些困难，又是怎么克服的。在谈论这个相关话题时，小昊的眼中放出了少有的光彩，能明显感受到他对于绘画的自信。咨询师借机和他探讨了将来的打算。小昊不好意思地说出了他的想法，希望从事环境艺术设计行业，但是转而又说这只是梦想，不可能实现。咨询师表示非常欣赏小昊的梦想，并启发他思考为了不被规则束缚而放弃梦想是否值得。小昊沉默下来，若有所思。

4. 经历成功体验

对于小昊而言，要改变长久的不良行为习惯非一朝一夕的事，还会存在一定难度。但是一旦新的习惯养成，积累一定数量的成功体验后，改变是有可能发生的。小昊在绘画方面比较出色，咨询师鼓励他积极参与心理绘画相关活动。小昊代表班级在比赛中获得了奖项，这给他带来了自信。咨询师借此机会与他探讨其他行为习惯的改变。小昊的学习习惯较差，还常发生旷课的行为，要想其情况有所改善，须由他自己制定目标并执行。咨询师和他一起讨论了顺利毕业的阶段性目标，即保证每天来学校报到，不发生旷课行为。进而细化到尽量能够完成老师布置的作业，保证"平时成绩"达到合格。咨询师和小昊一起制作了一张计划表，每完成相关任务，便可在对应的任务栏里打钩。接下来的时间，小昊每周向咨询师反馈完成情况。在连续实施一个月后，他很欣喜地告诉咨询师：班主任看到他每天坚持交作业，鼓励他保持状态继续加油，还让他帮忙制作黑板报。这些成功的体验慢慢成为他进步的动力。

同时，在心理健康教育的课堂上，心理老师组织了"背后赞美"的活动。

当小昊听到其他人对他的赞美时，不好意思地低下了头，但是脸上却浮现出了笑容。

5. 开启沟通大门

在谈到父母时，小昊的神情明显黯淡下来，他告诉咨询师父母工作很忙，下班很晚，周末有时也要加班。虽然父母会给自己很多零用钱以备不时之需，但平时和他们说不了几句话，即使有交谈也都是在学校通知他们自己犯错时，内容基本都是关于他的行为表现问题。咨询师询问小昊，如果父母得知他在学校比赛中获奖，以及班主任对他的鼓舞后，他们会如何反应。小昊回答他们会很惊讶，可能心里会开心。咨询师鼓励小昊将自己最近获得的奖项以及班主任对他的激励告诉父母。

（四）案例反思

不少老师反映小昊变了，脸上多了笑容，身上透出了自信。现在他能积极参与学校、班级的一些活动了，虽然他的学习成绩还不算优秀，但是他在努力实现自己的目标。

在整个辅导过程中，咨询师主要关注小昊的优势，帮助他在经历成功体验后找到自己存在的价值感，从而促进其自我认同的发展。咨询师主要聚焦于以下几点。

1. 积极认同

小昊常常受到批评，得不到他人认可。因此一点点的欣赏都有可能起到激励作用。咨询师与小昊初次建立关系时，没有将关注点放在他违反校规校纪方面，而是放在他坚持来校学习以及内心希望继续学业方面。当小昊觉得被他人认可时，就愿意聆听和表达了。

2. 合理思维

在小昊的观念里，老师总是针对自己。咨询师在给予他肯定的同时，启发他纠正不合理思维，并给他布置相关任务，促使其观念发生转变。之后，又鼓励他发挥优势参加比赛，将其消极行为慢慢转为积极行为。

3. 关注优点

小昊的自我价值感很低，咨询师引导他凸显绘画优势，将他的自信慢慢重塑起来。在比赛中获奖让他体会到通过努力是可以有所收获的。班主任让他利用自己的特长协助班级制作黑板报，使他感受到了自我存在的价值。这些成功体验都慢慢促使他越来越自信。

4. 促进沟通

家庭教育对孩子的自我认同发展起到不容小觑的作用。虽然小昊的父母在物质上给予了很大的支持，但是未能在精神层面真正关心他，小昊无法从父母那里得到想要的关注，这让他缺乏归属感，也影响了他对自己的认同。小昊的父母一直接收到的都是孩子负面的消息，咨询师鼓励小昊将自己的成功经历告诉父母，一方面希望父母能够给予肯定和支持，另一方面希望促进小昊和父母的沟通。

（五）个案启示

行为习惯不良的后进生，往往会遭到不少批评，教师对这类学生也带有消极情绪。但是一旦有人提供支持，给予接纳的态度，或许就是他们改变的契机。很多不良行为的背后也隐藏着正面积极的因素，咨询师的积极态度是使小昊行为发生转变的一大前提。咨询师关注小昊的优势，接纳他存在的问题以及缺点，耐心等待他进步。小昊在改变过程中逐步找到了自我存在感和价值感，自我认同也逐渐发展。

咨询师对小昊行为的积极诠释让小昊产生了与以往不同的认知，班主任的激励也让他产生了积极的情绪体验，非常有助于小昊的改变。在小昊完成目标的过程中，咨询师不断给予反馈和支持。小昊在获得成功体验的同时，自信心逐步建立起来，从而也得到了周围人的认可。

当教师能够重新解读学生的问题，用积极的心态和视角审视问题时，往往可以找到合适的角度解决问题。当学生感受到被接纳和认可，身上的闪光点被看到后，自信和成就感便会油然而生，也有利于其提升自我认同感。

第二节　情绪情感困惑案例与辅导

青春期是从儿童向成人过渡的关键时期，随着大脑发育及激素水平的变化，处于该阶段的青少年开始形成独立意识，希望用自己的方法看待和处理周围的人和事。此时的他们会有更强烈的情绪体验，情绪状态更容易波动。在这个特殊时期，青少年面临着来自生理发育、社会角色、同伴交往、亲子关系、升学就业等诸多方面的压力。在这些压力下，他们可能会出现各种情绪问题，如焦虑、抑郁等。大量研究指出，在进入青春期后，青少年的情绪障碍发生率陡然上升，在女生群体中表现尤为明显。虽然每个学生遇到的具体问题不同，表现出的情绪也不尽相同，但是我们还是可以从中发现共同之处，找到一些有效的解决方案。

一、青春期情绪情感的特点

中职阶段正是青少年的情绪从易感性向稳定性过渡的时期。在这个过渡时期，青少年的身体迅速发育并逐渐成熟，情绪易冲动、爆发快、强度大，正经历着许多的矛盾冲突和外界环境的变化。

进入中职学校，新的学习环境、新的学习任务、新的老师和同伴带来了新的挑战。青少年开始积极寻求同龄伙伴，主动选择自己的朋友、同伴，尝试建立属于自己的社交圈子，随之会面临各种人际关系带给他们的压力。另外，随着青春期的发展，个体的性别角色逐渐被强化，具体来说就是女生被期待变得更加女性化和柔性，男生被期待变得更加男子气和勇敢，这些社会所赋予的性别要求给处于青春期阶段的学生带来很大压力。由于主观认识与社会客观现实之间存在矛盾，当需求得不到满足时，青少年往往会产生复杂的、摇摆不定的情绪和情感。

二、常见情绪情感困惑

青少年由于生理和心理正在发育，生活也面临诸多的变化，导致他们的情绪情感复杂多变，轻者为情绪困扰，重者产生抑郁、焦虑等心理疾病。引发青少年情感困扰的因素很多，其中比较常见的是亲子关系、同伴关系、学业压力等。

亲子关系是青少年很重要的社会关系。进入青春期以后，青少年在情感、行为以及认知等方面都形成了自己的看法，生理成长使得他们产生强烈的自主意识，因此青春期又被称为心理断乳期。但是有些家长一方面希望孩子能够尽快长大，不用再为他们的吃饭穿衣操心；另一方面又不愿意接受他们思想成熟，害怕他们离开自己，很多时候不允许孩子有不同的意见，这就造成了严重的矛盾。当青少年希望自我发展时，可能会受到父母的限制，从而产生两种困惑。一个是与父母斗智斗勇，激烈争吵引发负面情绪；另一个是对自身成长感到无力和迷茫，生活已经被父母安排完毕，自己只能像一个提线木偶一样执行他们的任务。

进入青春期，青少年希望从家庭中分离出来，寻找更多的同龄人做朋友，把亲密关系的重心从父母转向同伴。他们需要更加亲密、相互关爱的同伴关系来一起分享情感、探讨问题、交流思想。如果人际关系不良，没有亲密的朋友，他们会感到被排斥、疏远、隔离。进入中职阶段，他们除了需要同性朋友，也开始进行异性交往。但是由于缺乏异性交往的经验和技巧，缺乏对两性关系的理解和认识，实际交往中会出现一些情绪情感的困扰。

与高中生不同的是，中职生需要面临技能考核及技术理论学习的压力，甚至还有未来发展选择的压力。当前社会环境的竞争压力逐渐下行，很多家长认为孩子"不能输在起跑线上"，虽然来到职业学校学习，但仍然期待孩子可以继续深造。这导致中职生面临双重压力，如三年级学生经常遇到升学与就业的选择问题，这很容易造成学生产生焦虑、紧张、困惑的情绪。

三、情绪情感辅导策略

中职生的心理发展迅速，具有一定的思考及认知能力，在对他们进行辅导的过程中有许多策略可以选择，比如可以根据学生遇到的困惑、当时的状态、个性特征等方面综合考虑。在中职生情绪情感咨询中，主要有以下几种常用的方法和策略。

青春期的学生情绪爆发比较强烈，所以情绪辅导的第一步是引导他们用合理的方式宣泄情绪。可以建议学生使用运动、呐喊、旅游、聚会、唱歌、绘画、书写等方式来消耗情绪产生的能量，缓解自己的不良情绪。

青少年的情绪大部分是由于自己曲解的想法引发，随着认知能力的不断发展，他们逐渐形成自我的个性想法，但是有些想法并不成熟，给他们带来了不同程度的情绪困扰。咨询师在辅导过程中应运用认知行为疗法的相关理论及技术，对青少年的不合理信念进行调整，从根本上改变其对周围环境及事物的看法，进而调整自己的情绪。

青少年在情绪情感方面也需要自我调节技巧的指导。教师应帮助他们认识到自己的强烈情绪，允许自己表达悲伤的感受；鼓励他们说出自己的想法，协助他们在社会交往需要和独处需要之间保持平衡；指导他们理解生活就是存在起起伏伏，偶尔也会有负面情绪的存在；建议他们延迟做出重大决定，不要在痛苦的时候做决定；支持他们寻找新的方式度过业余时间，坚持自己的爱好，结交新朋友；帮助他们建立自信和自尊。

四、典型案例

（一）基本情况

晓艺，女，16岁，中职学校二年级学生；有一个双胞胎姐姐，就读于同一学校的不同专业，父母在上海做小生意维持生计，家庭条件一般；她性格开朗，人际关系良好，学业成绩良好。

晓艺平时性格开朗，没有表现出太多的情绪问题。在一次班级集体学农活动中，有男同学用青蛙和她开玩笑，她受到惊吓后休克，但是时间不长便恢复清醒，老师和同学当时并没有发现异常。只是此后，晓艺经常会在情绪激动的时候晕倒，最近一次是课间有同学戳爆气球，发生巨响，导致晓艺直接昏迷。班主任叫来救护车送其去医院检查，医生并未查出器质性问题，建议她看心理医生，但是家长并未带晓艺就医。复学后，经班主任提议，晓艺来到学校心理咨询室。第一次咨询时，晓艺只是说最近压力很大，有时睡不着觉，这种情况是从9月份开学的时候发现的，持续了2个月左右的时间。心理咨询师询问她具体有哪些压力，她自己说不太清楚。在心理咨询师的引导下,她说是家长给的压力太大,家里在老家贷款买了新房子,要她和姐姐努力赚钱还房贷。自己现在是二年级,马上就要实习了,但是自己所学的平面设计专业的实习单位不好找,感觉有些迷茫,不知道该怎么办。虽然在本次咨询中,晓艺谈了很多压力来源,咨询师也给出了一些缓解压力的建议,但是总感觉这些都不是晓艺目前状况的真正原因。咨询师预约再次咨询,但是晓艺没有来。

1个月后,晓艺主动来到咨询室,表示自己的症状并没有改善,而且越来越严重,在咨询师引导下,晓艺终于说出了自己焦虑的来源,其实是情感问题。暑假里晓艺和原来的男朋友分手了,开学后,隔壁班的某个男生得知她分手的消息,表示希望可以和她交往,两个人开始聊天并且非常开心。但是晓艺不希望姐姐和家里人知道自己谈恋爱的事情,要求两个人在学校里尽量保持低调,所以两个人在学校里基本没有什么交流,都是在网上聊天。该男生来中职学校的主要目的是为了得到文凭,学习成绩不好,比晓艺大一岁,相对比较成熟,经营自己的网店,有稳定的收入,比较独立。晓艺表示自己喜欢他是因为他懂得关心人,会照顾她。但是国庆小长假之后,男生突然变得冷漠,只是在网上说两个人三观不合适就不再说话了,电话不接、信息不回。晓艺心里放不下,很想知道分手的原因,但是始终也没有问过男生,也没有再和他说过话,只是自己一个人默默地难受。在建立信任的基础上,经过咨询师耐心的引导,晓艺终于说出自己最纠结的点,她认为男生突然不理她,可能是她做错了什么事,也可能是听到别人说自己哪里不好,特别是"生活作风"方面,因为男生说与她三观不合,一定是男生认为自己的三观不正才决定分手。

(二)案例分析

随着青少年生理和心理的不断成熟,异性之间交往的愿望日益强烈,健康的异性交往有利于个性的全面发展,使个体性格更加开朗、情感更加丰富,有助于培养个体健康的性心理。但由于青少年缺乏异性交往的心理准备以及相应的经验和技巧,往往会遇到许多的烦恼和困惑,产生诸多问题。因此,心理辅导需要帮助青少年实现正常的异性交往,促进他们健康成长。本案例中的晓艺由于缺乏异性交往的经验和技巧,并对自己没有正确的认同,不能形成良好的自我评价，把评价寄托于别人身上，认为交往中如果出现了问题就是自己不好，对待问题不能正确归因，导致对自己错误评价，从而引发一系列的问题。晓艺的问题表面看是情感问题，但实质上是对自我的不认同，对自己没有信心。

青春期异性交往是一个发展性的成长课题，青少年在异性交往过程中容易迷失自我，在与他人建立亲密关系的过程中容易受到伤害，他们需要在同性亲密关系的基础之上学习各方面的知识，培养各项能力，提升自我情绪处理能力，才能在不断的尝试和练习中建立良好的异性互动关系。因此对中职生的异性交往辅导中，除了要解决他们因为分手而引发的情绪困惑，也要指导他们进行正确的问题归因，对自己形成科学的评价。

（三）辅导过程

1. 倾听内心困扰，建立良好关系

虽然在中职学校异性交往比较普遍，老师也采取比较宽松的态度，但是学生一般不会主动和老师讨论恋爱问题，更不会轻易和老师说出自己的具体情况。在本案中，咨询师多次与晓艺确定保密原则，表达自己对中职生异性交往的观点以及价值中立的原则，从而获得晓艺的信任。咨询师告诉晓艺，咨询不会评判谈恋爱的对错，也不会认为是道德问题，只是就事论事，解决她的情绪问题，确定咨询目标是缓解焦虑、改善睡眠质量。

2. 调整错误认知，树立正确观念

晓艺在本次情感经历中主要有两个不合理的认知。一个是对恋爱失败的错误归因。她认为都是自己不好，一定是自己做了什么错事才让对方讨厌自己，不想与自己来往。针对这个错误想法，咨询师协助晓艺进行分析，突然的拒绝来往也许是对方自身的原因。但是晓艺并不能接受这个看法，并且表示不管对方有什么困难，自己都愿意一起承担。咨询师继而分析也许是她解决不了的家庭原因，此时晓艺表示如果是这样的原因，自己可以理解并接受分手。

晓艺的另一个不合理认知是认为对方突然不理自己，可能是听到了关于自己的不好言论，特别是上升到"作风问题"。因为对方说他们两个三观不合，晓艺把三观不合错误地理解为三观不正，她认为老师和同学对自己的评价都非常好，自己不可能是一个三观不正的女生，一定是自己有什么地方让对方误会了，她希望通过解除这个误会与对方重归于好。针对她的这个想法，咨询师做出了三观不合的正确解释，指出三观不合是指两个人的观点不同，存在于两个人之间，没有对错之分；三观不正是单方面的，只存在一个人身上，有正确和错误之分。咨询师帮助晓艺了解到两个人三观不合并不是她有错误，而是说两个人都是好人，但是就是相处不来。

3. 约谈相关人员，澄清彼此观点

咨询师约谈了隔壁班级的男同学，了解了该男生的具体想法。男生表示自己并不知道晓艺目前的状况，也不知道她受到这样的伤害。他认为自己当时提出不再来往的理由已经说得很清楚了，就是觉得两个人的想法不太一致，他认为自己比较成熟，而晓艺却像小孩子一样；两个人对于恋爱的看法不相同，自己已经像成年人一样工作，不可能像其他学生一样一直和她聊天，但如果达不到晓艺的要求，后面他们可能会产生争执；另外家里人希望自己毕业后出国留学，本来他自己不想留学，但是在国庆小长假突然被家长确定下来，所以两个人未来的希望就更加渺茫。于是他委婉地和晓艺提出分手，以为刚谈没有多长时间，晓艺也不会受到伤害。通过交流，咨询师知道了该男生的真实想法，也提出中肯意见，指出分手没有问题，委婉的态度也值得提倡，但是一定要充分表达清楚分手原因，不可以含糊其词、暧昧不清。男生表示接受，并愿意配合咨询师与晓艺当面把问题解释清楚。

4. 解决双方困惑，获得心灵成长

第三次咨询，男生和晓艺共同来到咨询室。男生解释了提出分手的原因，主要是自己的客观原因，和晓艺没有关系，认为晓艺仍然是可爱的女孩子，希望她能有更好的未来。男生离开后，咨询师和晓艺继续进行交流，从晓艺的神情中明显可以感觉到，她如释重负——真的不是自己的错。晓艺也表示虽然有点遗憾，但是可能就是缘分不够，这样想想，觉得自己应该很快就会好起来。咨询师最后提示晓艺，异性交往是一个不断学习的过程，要在交往的过程中学会与人相处的方法和技巧，当自己可以正确处理情绪和情感的时候，一定会遇到合适的人。

（四）案例反思

本案采用了认知行为治疗的基本思路，首先引导学生释放情绪，了解自己焦虑的真正原因和真实的想法，确定咨询的焦点。在改变案主对这段关系中自我认知的基础上，制定发展性目标，希望她能对自己有一个合理、客观、准确的评价，进而更好地发展和成长。

本案中约定了当事双方见面沟通，这需要与双方达成共识，在对方愿意协助案主解决问题的前提下见面会谈，否则可能会起到相反的效果。此外本案的主要矛盾并不是人际关系，而是案主对自己的不客观看法，所以男生的到来是为了澄清晓艺的错误认知，并不是解决两个人的关系。

在日常的教学过程中，针对中职生青春期异性交往，开展讨论和相关活动，进行普及性讲座，指导学生交往技巧、沟通方法及情绪调控等，可以解决大部分学生在此阶段的困扰。但是在学生实际的生活中还是会遇到各种不同的问题，因此针对此类问题的辅导应在共性引导的基础上，结合每个个案的特殊性，进行针对性辅导。

（五）个案启示

本案例中表面是由于异性交往双方的误会所造成的困扰，实质是女生对自身的错误认知。男生单方面认为问题解决了，但是女生并未接收到相同的信息，形成错误的自我认知，无法正确看待自己。

中职生咨询时呈现的问题往往多种多样，看似纷繁复杂，实际上都离不开青春期阶段的主旋律，因此不可"头痛医头，脚痛医脚"，咨询师需要看到学生问题背后的深层次原因，帮助他们更好地成长。中职生用看似"不在乎"的态度来对待周围的人和事，其实内心比其他同龄人更在乎别人的看法，因此在与他们相处的过程中，要尽量给予客观准确的评价。

第三节　家庭亲子关系案例与辅导

青春期阶段青少年的身高、体重都已经接近成年人，脑神经的发育让他们在认知方式上向成年人靠拢，这促使他们更加希望与家长平等地沟通交流，不再盲目"听话"，此时家长的职责也从生活抚育转变成意识引领。但是许多家长并没有跟上这个阶段青少年的成长，这就造成了"代沟"——青少年更希望家长能够在精神上给予支持和理解，家长更希望在满足物质要求的同时，青少年一切服从家长安排。

"代沟"成为青春期亲子关系的主要矛盾，因此探索家长对孩子的教养方式就显得尤为重要。家长的教养方式决定了青春期阶段青少年的表现以及未来的人格发展。研究证明，家长的养育有三个关键的成分：第一个是联结，即家长与孩子之间温暖、稳定、充满爱和关心的强烈纽带，联结能够提供足够的安全感，使青少年可以去探索家庭以外的世界；第二个是心理自主性，即一个人有形成自己观点的自由，有隐私，自己决定自己的行为并负责任；第三个是规则，即家长需要监督孩子的行为，设置行为的规则和界限，让孩子学会自我控制，避免出现反社会行为。

一、亲子关系中的联结

尽管青少年从初中开始，就不希望家长像小时候那样拥抱和亲吻他们，但仍然需要家长向他们表达感情和关爱，中职阶段也不例外。他们需要得到家长的积极关注，包括家长表现出来对他们的兴趣，家长与他们共同度过的愉快时光，以及当他们需要的时候，家长给予的支持与帮助。积极的家长支持与学生的自尊、学业成功和道德发展有较高的正相关，反之就容易导致孩子的低自尊、学业失败、冲动行为、社会适应不良、行为异常、反社会甚至是犯罪。有些家长则会过度关注，限制孩子交朋友，过多干预孩子的社会交往。很多青少年希望与他们自己的朋友在一起，而不希望家长变成朋友，他们需要成年人的关注和帮助，而不希望成年人做同小孩一样的行为。

青春期阶段的学生需要共情理解、注意倾听、尊重孩子意见的家长。共情是认同他人的思想、态度和感受的能力，但是一些家长对青少年的情绪和感受完全不敏感，他们意识不到孩子的思想和感受，不愿倾听孩子的想法，不愿接受他们的意见，他们的行为也不考虑孩子，所以孩子不愿意向家长说出自己的真实想法，以至于彼此的沟通变得非常困难。青春期阶段的青少年更需要一种以共情为基础的交流，而不是"对"他们说话。家长在与孩子的争论过程中常常感到自己的权威受到挑战，因此他们会说："不要再讨论了，就按我说的办。"这样的语言是拒绝沟通的表现，这些话停止了争论，但是也关上了沟通的大门。因此家长需要用积极的态度处理与孩子的争论，尝试理解孩子的情绪与压力，提出建设性的意见，与孩子达成共识。

因此，家长在教育青少年时，需要知进退，在继续提供情感支持和温暖的同时，多多理解青春期孩子的情感和需要，无条件地接纳他们的不足，尽量少地直接参与孩子的活动，让孩子成为自己的主角。

二、青少年的心理自主性

青春期的发展目标是要成为一个自主的成年人，通过分离个体化的过程实现的。在这个过程中，亲子之间的联结仍然存在，但是亲疏关系已经发生了一些变化，青少年希望与家长分离，但是仍然需要与家长交流。青少年的自主性包括两个方面——行为自主性和情感自主性，这两个方面发展的速度并不是同步的，如果家长不能看到或者与他们形成相同的步调，就可能会产生不同的亲子矛盾。

研究表明，行为自主性，也就是为自己做决定的能力，在青春期阶段会迅速提高，青少年会在一些领域特别渴望行为的自主性，比如穿衣服的风格和朋友的选择；但是在另外一些领域他们又希望得到家长的安排，例如学习和就业。所以在这个过程中，青少年希望家长给予一定的机会锻炼自己的独立性，但不是全部放任不管，他们可能会把家长的全部"放权"理解为家长对自己的拒绝和放弃。其实青少年希望有做选择的权利、能够练习独立做主、表达观点和承担责任的权利，但是他们并不想要完全的自由，因此家长在这个时候可以适当放权并加以指导。

情感自主性是指降低对家长或者权威的依赖，依靠内部资源进行自我管理、自我决定，并认识到要对自己情感负责的心理倾向。事实上，现在的青少年独立情感的发展并不明显，相反更多地表现为依赖家长，而家长也不希望孩子离开自己独立成长，甚至表现为鼓励孩子的依赖。很多年轻人结婚后与家长同住，甚至把养育下一代的责任推给家长，这就是一种拒绝独立成长的表现。家长如果鼓励孩子依赖，会使青少年的需求过度，难以得到满足，甚至到了成年期仍然会有依赖性。这实际上是阻碍了孩子的成长，使他们不能成为一个真正的成年人。与过度依赖相反的另一个极端是被家长孤立。中职生中有很多留守儿童、随迁子女，由于现实环境与政策的原因，他们与家长在一起的时间相对有限，家长错过了与孩子一起成长的阶段。当孩子再次回到家长身边的时候，他们与家长无法沟通，短时间内不能适应新城市、新学校、新朋友等，加上自身发展的各种困惑，他们需要更多的关怀与指导。

在青春期阶段，青少年需要相对的自由，家长需要在行为方面给予一定的决定权，在情感方面既不能过度控制也不能全部放任，需要根据孩子发展的状态随时调整给予的自由度。

三、家庭教养方式

家长教育孩子包括控制和关心两个维度，这两个维度组合起来形成了四种不同的教养方式。权威型：在制定规则和做决定时听取孩子的意见，考虑孩子的需求，当意见并未达成一致时，家长会做出最终决定；专制型：有严格的纪律，不与孩子进行讨论，所有决定都是根据家长的需要制定；放任型：也就是溺爱，几乎所有的事情都是由孩子决定，不会对孩子说"不"；忽视型：家长不关心孩子，让孩子做自己想做的任何事情，只要不给自己添麻烦就好。

大多数的理论都认为权威型的教养方式最好，实际上，家长中只有一个人是权威型，会比双方都是权威型的要好。权威型的家长通过引导的方式与孩子交谈，解释为什么某种行为是不合适的，以及会给他人带来的影响。权威型的家长鼓励个体的责任感、决策和自主性，同时也允许孩子逐渐与家庭分离，因此权威型的教养方式是一种尊重、理解、温暖、接纳和一致的教养方式。专制型的教养方式会造成青少年的反抗性和依赖性,专制型家庭中的孩子往往怨恨父母的控制,很少认同父母。在这种家庭中,不同性格的孩子表现不同,温顺的孩子会感到害怕并且保持依赖性,性格比较刚强的孩子则会选择反抗。专制型家庭的孩子一般都会表现出情绪或者社会问题。与专制型相对的另一个极端就是放任型,也称溺爱型。表现为三种形式:物质溺爱(帮助孩子得到他们想要的东西,不管价格或是否需要)、关系溺爱(过度地帮助孩子实现他们的愿望,以至于孩子不能独立处理自己的情况)和结构溺爱(对孩子的行为不设定任何的规则和限制)。不管是哪种形式的溺爱,结果都是相同的,都会导致青春期阶段的孩子无法接受挫折,没有责任感,不会关心他人,有很强的控制欲,以自我为中心,自私。

家庭是青春期青少年的主要成长阵地,家长仍然对孩子有较大的影响,可以说,家庭关系对于中职生的心理发展有决定性作用,因此协助家长及学生建立良好的亲子关系是中职生心理辅导的重点内容。

四、典型案例

(一)基本情况

小黄,男,16 岁,中职学校二年级学生,身体健康状况良好,成绩中等,性格内向,人际关系良好;父亲是出租车司机,母亲为个体工商户,一家人与祖辈同住。

小黄主诉和父母的问题就是他们不同意自己和现在的女朋友交往。小黄与高年级学姐谈恋爱,家长坚决反对,开始说因为女孩是外地的,后来又说因为他年纪还小,总之坚决反对。母亲想各种办法拆散他们,打电话给对方的父母,并且不停地打电话给他的女朋友。女朋友现在逼他去说服父母,必须让他父母同意他们交往,否则就要分手。小黄现在因为这件事情感到非常焦虑,不知道该怎么办好。咨询师询问小黄目前针对这件事情采取的具体方法,是否尝试和父母沟通过,他突然一下激动地说:"就是因为和他们没有办法沟通,从小到大,他们都把我管得很严格,我感觉父母的爱都是假的,不知道该怎么和他们沟通。如果我心平气和地和他们沟通,他们就以大人的身份来教训我,说我是小孩子什么都不懂;如果我态度强硬起来,和他们发脾气,他们才会心平气和地与我交流,但是我发脾气的时候就没办法表达自己的真实想法和要求,总是会激动得哭出来。现在我为这件事情吃不下饭,但是父母认为我吃不下饭是因为女朋友,实际上我是因为与父母的关系不好才吃不下饭。他们认为断了我们的关系一切就会好起来,回到从前那个听他们话的好孩子,但是他们越是这样我就越不开心,越吃不下饭。现在每天可以出来上学好开心,只要不用待在家里,去哪里都行,回到家里看到他们,我就想把自己关起来,不想说话。现在连电脑都没有心思玩,一直不知道该怎么样解决这件事情。平时我回家,手机和书包都要放在客厅,他们要检查,如果我把书包带进自己房间,他们就会跟进来检查,边检查边唠叨,说我是小孩子,什么都不懂,交朋友一定要小心。如果我周末出去玩,回来他们就要问和谁玩了,玩什么了,有没有抽烟打架。如果我把自己关在房间里,不给他们开门,他们就把锁拆掉,弄得我一点隐私也没有。在家里也没有安全感,我越来越觉得他们对我的爱是虚假的,并不知道如何尊重我。他们一直拿我小时候的事情来说事,说我小时候自己坐在店里,电话铃声响了,我跑过去准备接电话,结果站起来又坐回去,别人问我为什么不接电话,我说妈妈说了要坐在椅子上不要动,要听妈妈的话。妈妈一直把这个例子拿出来说,可是我现在已经不是三岁的小孩子了,我不能用这样的方式听话了。现在如果我出去玩,他们会一直打我的电话,我不想他们担心,总是很快就回家了,但是一回来他们就开始说我如何不听话,总是跑出去,真的不想再回这个家了。"接下来他沉默了,一直强忍着眼泪。咨询师继续询问:"如果你父母没有坚决反对,你是否会有这么强烈的愿望要和现在的女友在一起?"得到了肯定的回答。咨询师接着问:"你现在是否有这样一种感觉,只要他们不同意的你就一定要去做,希望用这样的方式来表达自己内心的反抗?"他沉默了一会儿说:"老师,我实在不知道该怎么表达自己对他们的反抗,听他们的话已经习惯了,但是这次我听话或者不听话我都很难过。我说什么他们就只有一句,'你还小,我们都是为你好'。"

(二) 案例分析

这个案例是典型的青春期情感独立阶段适应不良。学生自己强烈意识到自己已经长大,有些事情可以自己做主,希望父母能给予思考和自主的空间。

但是父母没有意识到孩子已经进入了青春期，需要安全的隐私空间，还是像教育小孩子一样教育他，缺乏真诚的沟通，没有很好地尊重孩子的隐私。在没有征求孩子同意的情况下，家长擅自决定他的事情，一切都由家长代劳，认为这是为孩子好，导致孩子性格软弱，以至于用现在的方式反抗。咨询师与其父母沟通后，感觉父母缺乏教育孩子的方法和理念，比较激进，听不进别人的意见，一直坚持自己的看法，没有意识到自己存在问题。他们认为小孩子没有那么多想法，只要吃饱穿暖就行，既然上了中职学校，就证明不是读书的苗子，学业上也没有作太多的要求，只要听话、不惹事就好，不顾孩子的真实感受，想用管理儿童的方法来管理青春期的孩子。

另外由于小黄性格软弱，不敢表达自己的真实感受，内心虽然感到委屈，但是并不敢坚持自己的观点，这一点也更让父母误认为他是管不好自己的事情的，所有的事情都需要父母来把关，咨询师认为小黄的个性也需要进一步的指导。

（三）辅导过程

1. 关注内心感受，协助情绪宣泄

本案例通过运用交流沟通的方式，让小黄的情绪自然宣泄。小黄正因为不知道该怎样表达自己对父母的感受才来求助的，咨询师在与其建立起信任、融洽的关系后，让他能自由倾吐自己的情感和不满，缓解自己的压力，同时对他的看法进行引导，促进自我思考，这样做有利于当事人慢慢从困惑中解脱。通过倾诉和交流，咨询师能感受到小黄情绪的平复。咨询师利用空椅子技术，让小黄面对一个椅子，把它想象成父母，把自己最想说的话说出来，表达自己的心声。宣泄过后，小黄感到轻松了，但他认为回家以后见到父母还会有以前的感觉。

2. 澄清错误认识，形成合理信念

本次咨询的触发点是小黄交了女朋友，对于青春期学生的异性交往应该采取疏导的方法，而不是一味地堵截。咨询师一方面让小黄自己反思与女朋友之间的感情，希望他能理智看待；另一方面让小黄认真思考，是真的与女友感情浓烈，还是为了借此事来反抗父母的管教。小黄思考后认识到自己有一部分原因是借此来反抗，如果父母不反对，自己也许还没有现在这么坚定。

咨询师引导小黄站在父母的立场上，体会父母的心情。

3. 鼓励真诚表达，练习沟通技巧

咨询师鼓励小黄广交朋友，不断扩大社交范围，通过适当的文体娱乐活动来调节自己的情绪，提高自我认识水平，学会爱、尊重、宽容和接纳父母。在咨询过程中，咨询师更多地了解了小黄，他是一个自尊心很强、比较倔强的孩子，如果这次没有帮他找到解决办法，那么他和父母的误会也许会一直存在。而小黄的父母由于忙于自己的事情，又不善于表达自己的情感，总是把对孩子的爱体现在对他的行为管教。解决小黄与父母之间问题的途径，主要是让他们学会彼此沟通。咨询师首先帮助小黄树立自信，让他和父母互道内心想法，不要让误会越来越深，鼓励小黄主动和父母谈心，增进彼此间的了解；然后指导家庭教育，引导父母改变以往的方式，要选择适当的时机，要给予孩子鼓励和肯定，让孩子有满足感。

4. 争取家长支持，指导家庭教育

要巩固本次咨询的结果，还得同小黄的家长沟通，家庭的支持对小黄情绪的稳定起着很重要的作用。要解决这个问题，需要小黄的父母配合，让他们了解孩子问题的实质，了解小黄也有情感需要，他需要父母尊重和保护自己的隐私，父母不应该把孩子当成自己的私有财产。咨询师争取对其父母的行为进行指导和反馈，希望他们与老师积极配合，稳定小黄在家的情绪。

（四）案例反思

中职生处于青春期的中后期阶段，他们的想法更加成熟，不会像青春期初期那样叛逆和胡乱反抗。因此在咨询的过程中，要肯定和接纳他们的独立意识，赞成他们的成长，允许他们自我发展。中职阶段的学生会对自己的行为进行反思，也会思考反抗父母的行为是否合理。因此在辅导的过程中要注意引导学生，可以有自己的独立想法，但是需要学习与父母沟通和协商的技巧，尽量避免正面言语冲突。

在亲子关系辅导过程中，我们会发现学生的问题牵连着一个甚至几个家庭，咨询师应尽量就事论事，解决或者缓解学生当下的困境，避免大而全地牵扯其他家庭问题。如果需要父母配合，那么可以联系父母进行简单说明，但是若触及家庭更加复杂的关系，就尽量不要牵扯太多，这对学生本身的境

遇并没有太大的帮助。

任何一种关系都是两方面或者多方面的相互作用，每个父母和孩子都有个性，因此在课堂指导学生亲子沟通交流的基础上，需要注重个别指导。当涉及来访者以外的关系时，咨询师也许会感到力不从心，此时也不需要太过强求，做好来访者的支持系统，就是在帮助来访者，咨询师也需要允许自己"无能为力"。

（五）个案启示

社会环境和生活条件的变化，造就了新的教养方式，父母给予孩子过多的保护，以至于有些学生失去了锻炼和成长的机会，自我成长的能力比较弱，使得他们脱离父母的年龄越来越迟，甚至出现了"啃老"现象。一方面，当学生应该独立成长，为从原生家庭分离出来做准备的时候，他们反而表现得很懦弱，不愿意离开父母；而另一方面，越来越多的父母控制孩子，把所有事情提前安排好，要求所有事情都要听从家长的安排，如果不听就道德绑架、亲情束缚，阻碍孩子的自我发展。

针对上述情况，需要在社会、学校、家庭形成联动机制，加大宣传力度，让家长认识到自己的不合理做法，自觉反思调整。学校则需要在学生生涯规划、心理发展等方面给出正确的引导，协助学生自我成长。家庭中亲子之间要形成适合的边界，相对独立，各自完成自己的成长任务。

参考文献

[1] 颜苏勤. 个案心理辅导实务与启示[M]. 北京：高等教育出版社，2016.

[2] 埃里克·H·埃里克森. 同一性：青少年与危机[M]. 孙名之，译. 北京：中央编译出版社，2015.

[3] 欧阳坤. 父母教养方式对中职生主观幸福感的影响：情绪调节方式的中介作用[D]. 兰州：西北师范大学. 2016.

[4] 杨琴. 家庭教养方式对抑郁情绪的影响：情绪调节的中介作用[D]. 兰州：西北师范大学. 2018.

第十章　青春期与校园文化

　　青春期心理健康教育以课程为重要载体,拓展于课外活动,延伸于个案咨询,融合于校园文化。越来越多的校园文化建设重视引领学生健康心理的发展,其中蕴藏着宝贵的资源,不仅可以在潜移默化中影响学生心理的发展,还可以被运用于课程化教学之中,为课程化教学提供保障,增强青春期心理健康教育的渗透性、趣味性、参与性和功能性,让学生在文化的浸润中孕育健康心理,完成青春蜕变,塑造阳光心态。

第一节 校园精神文化

教育部第六部门印发的《关于加强中等职业学校校园文化建设的意见》中指出,"校园文化是学校教育的重要组成部分,是学校精神、学校活动、学校秩序和学习环境的集中体现,具有重要的育人功能"。其中精神文化是校园文化的核心,是一所学校的重要内核。优秀的、被师生认可的精神文化能够让师生产生精神归属感,成为引领学生精神发展的指明灯。青春期心理健康教育可以充分挖掘学校精神文化中宝贵的心理健康教育因素,将其融入课程化教学之中,这有益于学生对校园文化产生积极的心理认同,同时也有利于学生在认同中不断认识自己、发展自我、理解他人,不断塑造优秀的人格特质,进而提高社会适应力。

一、校园精神文化涵容优秀心理特质

越来越多的学校注重校园精神文化的建设,更有学校注重在精神文化的凝练中纳入优秀心理特质的培养,这不仅体现了校园文化以学生为本的发展理念,也为青春期心理健康教育课程化教学提供了丰厚的精神文化土壤。

以上海市商业学校为例,学校提出"文化润校"的战略举措,形成独树一帜的"和雅"校园文化体系。"和雅"文化最核心的内涵是和润人心、雅正品行,融进学校精神、办学理念、育人目标等方方面面。就育人目标而言,第一,期待学生和谐共生,既能做到心态平和、肯定自我价值、学会自我调适,还要做到与人为善、与事为善、与环境和谐共生,谓"和善";第二,"正身、正心、正行"三管齐下,逐渐引导学生做到人品高尚、学问渊博、举止优雅、情趣高雅,谓"雅正";第三,以学习为首要任务,专心好学,谓"笃学";第四,强调动手实践能力,要勉力去做、敢于实践,谓"敦行"。这也是"和善、雅正、笃学、敦行"的八字校训。细细品味这八个字,耐人寻味,这正是在青春期心理健康教育中所提倡的优秀人格特质的体现。

再如上海工商信息学校,以青藤托物言志,挖掘青藤顽强、坚持不懈、

感恩等精神，以"立足平凡，追求非凡"为核心精神，发展"青藤文化"，激励师生沉淀感恩进取、坚韧不拔的集体人格，形成全体师生共同生成并遵守的主流价值体系。

国家和社会愈来愈重视全民心理健康，习近平总书记在党的十九大报告中明确提出，要"加强社会心理服务体系建设，培育自尊自信、理性平和、积极向上的社会心态"。2019年7月15日，《国务院关于实施健康中国行动的意见》中提出要"实施心理健康促进行动"的任务。在这样的大背景下，青春期学生的心理健康发展也得到社会、家庭、学校的高度重视。越来越多优秀的校园精神文化把学生心理品质的发展和优秀人格的养成融入其中。青春期学生的心理波动比较大，他们正在完成自我同一性任务，将学生心理品质的培养与发展融入学校的精神文化，有益于将其体现在学校方方面面的活动当中，实现全员、全程、全方位开展青春期心理健康教育，真正助益学生优秀人格特质、精神品质的养成，为"培育自尊自信、理性平和、积极向上的社会心态"打下坚实的基础。

二、青春期心理健康课程融汇优秀精神文化的养成

有了优秀的校园精神文化为积淀，青春期心理健康课程教学就可以充分汲取这些优质的精神资源，在课程教学中进行有效挖掘与运用，促其转化为学生心灵成长的养料。如在对学生进行性别悦纳教育，以帮助他们获得性别认同、突破性别刻板印象、发展双性化特质、学会悦纳自我时，就可以把优秀校园精神文化的内涵融入其中。

以上海市商业学校"和雅"校园文化为例，可以提炼其中优秀的人格特质，融入课堂教学设计当中，如和善、文雅、行动力强、自信、平和、豁达、勇于实践、好学等，组织学生开展一系列探索。比如，哪些特质是我们通常认为的男性特质或女性特质？通常所认为的男性特质或女性特质一定只是某一种性别才能拥有的吗？探索一个你最欣赏的人，看看他（她）身上拥有哪些特质？这些特质对他（她）的人生产生了哪些影响？谁是我们班最受欢迎的人？你欣赏他（她）身上的哪些特质？你欣赏自己身上的哪些特质（至少包括一个异性特质）？它们对你产生了哪些影响？你还想发展哪些特质？你

觉得它们可能对你产生怎样的影响？你最看重学校哪些校园精神文化中的人格特质？它们会对你现在的学习、生活以及将来的职业发展产生哪些影响？这些校园精神文化中蕴含的人格特质，你拥有了哪些？在接下来的学校生活里，你还想发展哪些特质？你可以通过哪些校园活动去不断发展这些人格特质……

再如，"和雅"校园文化把"和融共进，雅致共生"作为校风。"和融"即和气、融洽、和谐，在整合学生自我教育、学校教育、家庭教育和社会教育的基础上，引领师生之间、教师之间、学生之间诚信友爱、和睦相处、充满活力，让整个校园环境既整齐有序、合理规范，又充满勃勃生机。"共进"指学校、老师、学生围绕共同的"和雅"目标，携手努力，共同发展。"雅致"旨在营造优雅精美的校园文化氛围和"行为儒雅、语言文雅、情趣高雅"的师生形象，并让二者和谐统一。"共生"寓意学校从环境建设到人文建设达到"雅于骨，致于形"的境界。在这样的校风定位之下，青春期心理健康教育还可以把学生心理发展的系统观映射其上，在课程教学中，通过花季交往、性别悦纳、爱的能量棒、爱的心港湾等主题活动引导学生提升交往的艺术，学习沟通的技巧，构建和谐人际关系；发现并欣赏自己身上优秀的性别特质，积极发展其他优秀的人格特质，提升自我形象；学习并提升爱的能力，懂得感恩，承担责任，成为更好的自己。

通过青春期心理健康课程与校园文化的不断融合，一方面能够让学生更深刻地理解并认同学校的校园文化，另一方面又可以借助青春期心理健康课程，将人格特质的发展融入校园精神文化的养成，落到校园活动当中，帮助学生搭好扶梯，朝理想人生踏实迈进。

第二节　校园活动文化

丰富多彩的校园活动是彰显学校精神文化的有效载体，给青春提供绽放的舞台，在学生形成健康心理和健全人格的历程中发挥"水滴石穿"的力量。青春期心理健康教育主动走出课堂，融入生动活泼的校园活动当中，可以让更多的适龄学生通过更广泛的途径接受系统科学的青春期心理健康教育，同时不断推动学生从受教育者转变为活动的主体，更好地发挥自我教育和自我发展以及服务他人和服务社会的社会责任。青春期心理健康教育与校园活动文化的融合既可以彰显课程的魅力和感染力，同时也可以让校园活动更富有活力和吸引力。

一、拓展于社团活动

趣味横生的社团活动深受学生喜爱，可以让学生展示自己的兴趣与特长，拓宽眼界，丰富课余生活。对学生的心理健康发展来说，社团活动为学生提供一个相遇的空间，可以结交好友，拓展朋友圈，锻炼互动交际的能力，强化人际支持网络；它可以让学生释放青春的热情与能量，通过活动，转移、调节、升华青春期容易波动、敏感的情绪；它可以让学生感受来自团队的支持，提高团结与合作的能力，拥有更多的归属感；它可以让学生的特别之处被看见和认可，增强自信，提高价值感和存在感。

在学校社团中，与青春期心理健康课程教学息息相关的社团非心理社团莫属。心理社团在活动中借助团体游戏、心理剧、心理卡牌、心理沙盘、心理演讲、电子小报设计等形式，让成员快速融入新的团体，促进学生自我探索，增进心理觉察能力，提高人际互动，获得心理成长。以上海市商业学校心理剧社为例，部分参加社团的学生在班级里比较自卑、不被接纳，他们在社团中表达自己的困惑和困难，同时他们也在倾听中感受到相互理解和接纳；他们一起创作剧本，在创作中看见自己的成长历程，分享体会，逐渐理解并接纳自己；他们在一次次的排练中感同身受，学习同理，宣泄情绪，在喜怒哀乐的畅快表达后涤荡心灵；他们在成功演出后与自己、同学、父母、老师和解，享受蜕变和成长的喜悦。

学生在一次次的活动中不断表达、看见、反思自己。有学生说："在现实生活中，我是个蛮自闭的人，不太敢和陌生人说话，所以我才想试试自卑这个情绪角色。"有学生说："在心理剧排练中，我一次又一次释放自己被压抑的心情，真是畅快淋漓。"有学生说："自己喜欢的角色能被选上而且被认可了，这可能是我少有的经历，突然发现自己可以做些什么了。"也有学生说："以前，我只看到父母对我的凶，这次，我扮演了爸爸，我才体会到爸爸的责骂背后不仅仅是失望，还有好多的不甘和期待。"还有学生说："现在想想还是很不可思议，我紧张、会忘词，现在却已经很熟练了！第一次见面，大家都不熟悉，对起戏来也会有点拘谨，慢慢地大家越来越熟悉，活动过程中经常充满了欢声笑语，这段与老师、大家在一起的美好时光，是我在学校新的回忆和喜悦。"……活动分享的背后是超越、释放、理解、欣喜与无限的美好。由此可见，心理社团活动是青春期心理健康课程教学的有效拓展，它能为学生提供心灵表达、宣泄、蜕变和成长的舞台，成为课程教学的有效补充形式。

其实，所有的社团活动对于学生的心理发展都能起到显性或隐性的作用。如文学社、话剧社、绘画社、手工社、西点社、声乐社、舞蹈社、形体社、运动项目类社团等，对于学生的心理健康都可以起到积极的作用。这些社团活动让学生通过不同形式，表达情绪、宣泄情绪、转换情绪、调节情绪，有利于学生保持良好的情绪状态。而其他各种各样的社团，也能让青春的心灵多一份被安放的喜悦，多一份被接纳的欣喜，多一份被看见的尊重。青春期心理健康教育可以主动与这些社团活动相融合，让更多的老师和同学去体验、发现这些功能，鼓励更多的学生从中获得切实的成长。

二、渗透于主题班会

要让青春期心理健康课程教学得以落实和保障，让青春的生命成长一直有心理的引导和陪伴，将青春期心理健康教育渗透于主题班会是有效的途径之一。

班主任是对学生最具影响力的老师，他们对学生心理的影响有时是直接和决定性的。班主任与学生朝夕相处，他们能第一时间觉察学生的个性和共性的心理需求或困惑，如中职学生刚进校时可能会呈现出自卑、对自我缺乏认同的现象；随着彼此的熟悉，有的学生可能会暴露出在人际交往中缺乏同理、沟通不足等问题，也有学生无法正确看待和合适地处理青春期对异性的好感；学生逐渐把家庭中的亲子矛盾与冲突呈现在老师面前等。另外，班主任能够适时地根据班级学生的具体情况，协同多方力量，如家长、任课教师、学校心理教师、学校领导等，长期地、系统地借助主题班会的平台，对学生开展心理健康教育，陪伴并促进学生的心灵成长。

在主题班会中渗透青春期心理健康教育，主题是丰富多彩的，意义是非凡的。在学生刚入学时，班主任可以在主题班会中渗透青春期生理发育及心理发展的内容，帮助学生了解科学的性生理及性心理知识，接纳青春期的身心变化。在此基础上，可以与学生共同探讨生理性别与社会性别、男性特质与女性特质，帮助学生获得性别认同，悦纳自我。随着对学生的熟悉，班主任可能会发现有些学生内向腼腆，不擅长与人互动，而有些学生已开始尝试青春的恋爱，这时班主任可以开展一系列有趣的活动，引导学生了解人际交往的益处，学习交往的技巧，帮助学生提升人际互动的能力，提高学生的社会适应性；班主任还可以借助丰富的案例、科学的知识、富有启发的游戏等，帮助学生接纳青春期对异性的好感，学会分辨自己的情感，把握交往的尺度，找到合适的应对方法，正确处理萌动的情感。

社会充满诱惑和危险，而青春充满好奇，缺乏自制，学生在这一阶段可能会过早尝试性行为，可能会被性骚扰，也可能会接触到毒品等不良诱惑。当班集体已经形成，学生间以及学生与班主任之间的情感建立得足够稳定时，班主任可以考虑在班会中以这些主题来开展相关活动，帮助学生看清过早性行为可能导致的生理、心理及社会发展的后果，自觉守住异性交往的底线；学会识别生活中的性骚扰，树立自我保护和防范意识，掌握有效地防范和制止方法，在产生困扰时懂得及时求助；了解艾滋病及其传播途径和传播条件，树立预防观念和保护意识，选择文明健康的生活方式，同时能正确对待艾滋病病毒感染者，提高社会责任意识；认识毒品尤其是新型毒品的危害，了解青少年尝试毒品的心理成因，谨慎交友，懂得自爱。这些主题活动的探索有助于为学生的青春保驾护航。

青春期叛逆的心灵往往容易与父母产生矛盾，让亲子之爱黯然失色；而青春的生命也即将奔赴新的阶段，终将迎来自己的新家庭。班主任可以邀约家长共同参与到主题班会中，跟学生共同讨论与父母产生矛盾的原因，重新审视对家的理解，学会彼此沟通，练习解决家庭冲突的基本能力，学习并承担家庭责任。通过努力，改善现实生活中的家庭亲子关系；让学生懂得感恩，提升成长与责任意识，为社会大家庭的和谐稳定贡献自己的力量。

围绕青春期心理健康教育课程教学设计的系列主题班会活动，既丰富了主题班会的内容和形式，又有助于学生面对、解决青春成长中的困惑，帮助学生平稳顺利地走过这一阶段，逐渐获得人格的完善。

三、延伸于志愿服务活动中

心理健康教育是以生命影响生命的过程，学生在父母、老师、同伴的共同影响之下，心灵不断获得领悟和成长。如何让这些领悟和成长被更多的生命看见，同时影响更多生命的成长呢？志愿服务是有效的载体。

每一所学校都有自己的志愿服务组织，这些组织可以主动融汇心理健康服务的项目，青春期心理健康教育团队也可以主动引导学生加入这样的组织，或者举办相应的活动，让学生在志愿服务的过程中正确认识自己、体验社会价值、提升心理品质。

有的学校会在志愿服务组织中专门成立心理志愿服务小队或者心理委员群，成员是热衷于个人心理成长和给予他人心理关怀的学生。这些学生会与心理老师、班主任、任课教师及班级学生保持紧密的联系，在同学中间传播心理健康知识，及时发现需要心理支持的伙伴，用他们的热情和温暖去感染同学，在老师和同学之间架起沟通的桥梁，并策划生动有趣的活动促进同学的领悟和改变，是老师的得力助手，更是维护同学心理健康的好伙伴。

有的学校还把心理志愿服务的项目拓展到校外，如组织心理志愿服务小队深入社区，为幼儿、老人、残障人士等组织心理游戏活动，带领他们通过绘画、彩泥、软陶、朗诵、歌曲、舞蹈等表达情绪、宣泄情绪、调试情绪。在这样的陪伴过程中，志愿者不仅为社区送去欢声笑语，也让自己体验、觉察到不同生命状态的精彩，促进对自我生命的思考、感恩与珍惜。

有的学校在职业体验活动中推出心理服务项目，组织学生志愿者通过卡牌、沙盘、手工制作等形式，帮助中小学生探索职业兴趣和职业理想。学生在服务助人的过程中拓展自身对职业选择的认知，在引领他人对职业的思考和探索中汲取专注、善于规划、团结合作等特质，提升职业心理素养。

学校要善于开发积极有益的心理服务项目，让学生在服务他人的过程中感受自我生命的价值，同时在不同生命间的互动中，汲取更多元、更丰厚的养料滋润自己的生命，让心灵既闪光又谦卑，享受助人与自助的快乐。

第三节 校园制度文化

制度是一所学校办学理念、办学传统的具体体现。在依法办校、依法治校的大好背景下,通过制度的约束和规范,可以提升青春期心理健康教育工作受重视的程度,为其在课时、师资、经费、活动等方面提供充足的保障,从而保证每一位学生都能真正接受到系统的青春期心理健康教育,让课程得以扎实落地,让活动得以有效开展,让学生能够真正获益。

一、建立健全相关制度,让青春期心理健康教育教学有制可依

每一所学校针对青春期心理健康教育教学首先要有完善的组织管理机构,分工明确,职责清晰。如上海市商业学校专门成立颜苏勤心理健康教育工作室,工作室负责人享受部门副职待遇,负责开发课程、进行课程教学、开展教研活动,进行个案咨询、青春期心理演讲、户外拓展等学生活动。另外,要有完善的管理制度,包含青春期心理健康课程教学的工作制度,在师资、课时、活动、经费等方面予以充足保障;心理咨询管理制度,对青春期学生心理咨询的具体开展、档案保管、保密设置及突破等予以明确规定;场所及设备管理制度,以保障学生安全及设备正常运转;危机干预三级预防制度,保证青春期心理健康程度不同的学生都能得到相应的关注、及时处理和善后工作。通过这些制度让全校师生明确其地位,让青春期心理健康教育扎实、稳步运行。

二、落实制度要求,让青春期心理健康课程教学落地生根

(一)多种途径保障活动课时

目前,在开展青春期心理健康教学的实践中,有的学校采用在一个学期使用《中职生青春期心理健康自助手册》(或《中职生青春期心理健康》),帮助学生了解青春期心理健康的知识,学习相关技能并解决青春期问题,建立正确的性价值观,形成完整的人格。有的学校让《中职生青春期心理健康自

助手册》(或《中职生青春期心理健康》)进班会课,分散到三年(六个学期)的时间段中,为学生青春期成长一路领航。有的学校把《中职生青春期心理健康自助手册》(或《中职生青春期心理健康》)带进社团,引导一批又一批社员走向心理成熟。还有的学校尝试把其转换成网络课程的形式,不受时空限制,方便学生学习,提高学生自我心理调适的能力。

(二)专业化活动提升青春期心理健康课程教学的师资水平

优秀的师资队伍是青春期心理健康教育教学有效落实的保障。学校在相关规章制度中必须突出其重要性,鼓励全校教师和心理教师参加提升青春期心理健康教育能力的普适化和专业化培训及活动,如开展青春期心理健康课程教学能力提升的校本培训,保证每学期对老师开展相关讲座,鼓励班主任和学生工作部门的老师参加学校心理咨询师的培训,每年保证心理教师参加专业化提升培训等。

上海市教委"双名工程攻关计划"颜苏勤心理健康(青春期)基地,经常组织学员并带动中职、初中心理教师以及心理专业研究生开展以课堂教学为抓手的专业化活动,培养学员成长为上海乃至全国青春期心理健康教育教学改革的引领者。如 2019 年 6 月,基地组织来自 16 所学校的心理教师举行青春期心理健康课说课交流展示活动。前期,基地主持人颜苏勤组织教师撰写教案、反复磨课、分别录课、细致评课,并指导教师撰写说课稿、反复修改。活动中,来自上海市商业学校、上海市交通学校、上海健康医学院附属卫生学校、上海市逸夫职业技术学校、上海市杨浦职业技术学校、上海食品科技学校、上海市环境学校、上海市奉贤中等专业学校、上海市浦东外事服务学校的 9 位心理教师,分别就"我爱我家""我塑我家""我的生理成长""男性特质与女性特质""性别认同与悦纳自我""花开应有时""友情、爱情与迷恋""我的理想爱情""生命有爱,青春无'艾'"9 个主题展开了精彩的说课,为大家呈现出课堂教学背后的精心准备与巧妙设计。与会老师纷纷表示,9 位教师的说课有设计、有案例,形式活泼多样,针对性较强,而且每位教师都很有亲和力,很有心理教师的"范儿"。随后,青春期保健学组副组长胡晓宇带领 6 位教师开展青春期心理健康说课交流,围绕课堂教学畅所欲言,在分享交流中引发共鸣。与会专家认为,此次交流展示活动中的两种形式,既兼顾个体智慧，又充分体现了相互学习、相互交流的集体力量。中国心理学会副理事长、上海市心理学会理事长、全国教育名师卢家楣教授认为，这次活动无论是环节的设计还是教师的说课都各具特色，符合中职生成长特点，有助于教师青春期心理健康教育专业教学能力的提升。此次活动的顺利举行得到16所学校领导的高度重视，他们普遍认为，举行这样的活动有利于心理教师提升青春期心理健康课堂的设计和组织能力，更有利于教师不断提高教学基本功，让课程落地，协助学生安全、平稳地度过青春期，让学生的身心全面、健康成长。

（三）经费到位保证青春期心理健康教育活动顺利开展

目前，上海的中职学校每年会有用于内涵建设的专项经费，以保证青春期心理健康教育的顺利开展。比如，有些学校会专门申请心理健康教育的内涵建设经费，用于添置必要的设备，组织教师进行培训学习，邀请专家进行专题讲座，开展喜闻乐见的学生活动等。也有的学校会专门申请相关课题研究的内涵建设经费，如"青春期心理健康教育的课程化研究""青春期心理健康教育的活动化研究"等，专门用于发现并解决青春期心理健康教育中的实际问题。

（四）《心理危机干预》为青春心灵保驾护航

近几年，学生发生心理危机的可能性不断增加，青春期学生会遇到各种各样的问题，如果处理不当就可能引发相应的危机，如情感危机、人际关系危机、学业危机等。因此，各校必须在校园文化的制度文化中确保有学生心理危机预防与干预的内容，引导学生、教师及家长共同预防危机的发生，并在危机发生的第一时间和后续采取正确的应对方式，帮助学生度过危机。

上海市中职学校颜苏勤心理健康名师培育工作室编写了《心理危机干预》学生篇、教师篇和家长篇。学生篇引导青春期学生了解情绪的基本知识，学会识别自己的情绪及情绪警报，并了解舒缓情绪的常用方法和宣泄情绪的原则，知道解决问题的思考路径，懂得寻求协助。教师篇引导教师了解需要特别关注的学生，学会识别学生的心理危机，知道危机干预的基本流程，掌握基本的处理技巧。家长篇引导家长知道平时如何培养并提升青春期孩子的抗逆力，掌握孩子出现危机的观察线索，懂得如何帮助孩子应对心理危机，了解日常与孩子交流的切入点，并建立与学校合作的态度。三篇都提供了发生危机后可以求助的机构及联系方式。

《心理危机干预》能够提高全体学生、教师及家长的意识，学校应该予以重视，进行广泛宣传和落实，做到预防在先、应对有效，帮助学生平稳度过青春期。

第四节 校园物质文化

学生的大多数时间都在校园中，住宿学生更是如此。苏霍姆林斯基曾经说:"无论是种植花草树木，还是悬挂图片标语，或是利用墙报，我们都将从审美的高度深入规划，以便挖掘其潜移默化的育人功能，并最终连学校的墙壁也在说话。"青春学子的心灵既朝气蓬勃又起伏多变，一人一事一物都容易引起他们心灵的波动，在他们的心底泛起涟漪，校园物质文化虽不会说话，却能对他们的心灵产生潜移默化的影响。

一、青春期心理健康教育渗透于物质文化创建中

第一，干净整洁、优美雅静的整体校园氛围，能够净化学生心灵，让学生置身其中感到心灵的轻盈，使人心旷神怡。

第二，托物言志的绿化、雕塑等能够发挥心理象征的积极影响力，让学生感受到生命力，孕育积极阳光的心态。

第三，积极向上的楼名、标语能够无声地传递心理正能量，给学生积极的心理暗示和积极的行动方向，激发潜在动力。

第四，实时更新的宣传栏能够给学生提供展示的平台，促进学生自我成长，激发内在自信，养成积极健康的心理品质。

第五，适当的心理设备能够帮助学生合理地宣泄情绪、放松心情、释放压力、主动调试，寻求心理问题的解决之道。

二、实践案例

（一）让校园景观成为青春期心理课程的探究对象

越来越多的学校看到学校一景一物、一草一木、一水一石在学生心灵成长中的作用。

有的学校注重保留学校历史的继承，校园里参天大树林立，葱郁挺拔的枝干向学生展示出勃勃生机，盘虬卧龙的深根寓意着脚踏实地，扎根越深，

方能长得更高更密。充满生命力的绿植让学生感受到满满正能量的同时，还获得打牢根基、奋发向上的领悟。

有的学校让"历史的年轮""读书的女孩""翻开的书页""沉思的校友"等雕塑坐落于校园，让学生懂得光阴易逝，要珍惜时间、奋发读书、勤练技能，用奋斗的青春锤炼人生的财富。

有的学校结合校园文化的顶层设计，配套相应景观。如上海商业会计学校的小小"莲池""源头活水"见证学校五十多载校史，用"荷种"寓意质朴坚贞，以"荷茎"寄托昂然进取，托"荷叶"承载宽容团结，借"荷香"孕育馥郁清纯，不仅把专业素养孕育其中，更让学生时时感受到这些积极向上的精神风貌，给学生以积极心理暗示。

有的学校开发具有现代感的新景观。如上海市杨浦职业技术学校的深海水族馆的环形屏设计，让信息化建设与心理健康教育紧密结合，在校园中创设让人身心放松的场所，已成为学生和教师热爱的一道风景线。大海，是地球生命的发源；水，是生命之源，这些象征在无意间引导学生追溯人类心灵的发生与发展，引领学生不负青春，不负韶华，不断超越，追求心灵的充盈与自信。

这些生动鲜活的景观都可以成为青春期心理健康课程教学的素材，教师可以把学生带出课堂去现场感受并体验，也可以用相关的照片、视频等素材把它们带进课堂，或以小组探究作业的形式引导学生去主动挖掘，解读这些景观中的心语心力。以每个学校都会拥有的花草树木为例，在促进学生心理发展和自我认同的教学过程中，就可以穿插一个小设计——我与自然的联结。可以要求学生提前一周认真地逛一逛校园，挑选一个最有感觉的花、草、树，或者是校园里的小动物，利用一周的时间去观察它、感受它；随时随地把自己心里生成的对它的形容或描述记录下来；找出其中三到五个正向的形容词，看看自己身上是否也有同样的特质，或者其中是否有些特质是自己想拥有或正在发展的；用"我喜欢我自己就像这个（选择的自然物）一样（挑选出的形容词）"完成一句话；利用这个自然物、形容词和句子，借助画笔、颜料等工具进行一次表达性的创作。这样的活动既可以让学生对自我有更多的探索和认可，也可以加深学生对学校自然景观的联结和情感，提升学生对学校的认同和接纳。在以后的校园生活中，每一次与所选自然物的相见，都能一次次帮助学生从中汲取心理能量，发展出更好的自己，成长为更好的自己。

（二）让温馨的教室颐养青春性情

青春期，学生的心灵有时是躁动的，有时是混乱的，有时是不安的，青春期心理健康教育要把这些特点传递给更多的教师，让教师理解学生的这些特点，与学生共同营造一个温馨的教室，让教室焕发整洁、明丽、温馨、雅致的气质，让学生一走进教室就感觉到有序、美观、舒适和安宁。

温馨的教室要做到基本的干净、整洁。教师要引导学生每天整理好自己的课桌椅、讲台、读书角、置物柜等，及时清除不必要的物品，做好个人空间和教室整体的清扫、清洁工作。空间物品的整洁寓示学生也要常常关注自己的心灵，及时通过自己或他人排解心理垃圾和烦恼，让心灵保持轻盈和活力。

温馨的教室要有积极的心理引导。如通过班主任寄语、标语口号、黑板报、学习园地、班级风采等，把对学生的积极期待渗透其中，把体现学生积极向上精神风貌的照片以及学生的优秀作品加以展示，让学生感受到被认可和接纳，从而让学生在每天的浸润中不断吸收正向的心理能量，为心理赋能。

（三）让心理健康教育中心成为青春心灵的安放之所

心理健康教育中心是专门为学生的心理健康发展提供服务的场所，它从整体布局到细节处理都要兼顾青春期学生的心理需求，发挥积极心理暗示的作用。

第一，在颜色的搭配上，可以多考虑搭配亮色，如果绿、橙黄、桃红等，营造明快、活泼、温暖、进取的基调，也更容易被学生认可和接受。

第二，设置"教师办公室""接待室""个别心理辅导室""个别测评区""家庭心理咨询室""专用心理教室""团体辅导室""心理沙盘室""心理宣泄室""心理放松室""会议室""探究区""阅览区"等功能区域，满足不同学生和家长的心理需求。

第三，在细节的考虑上，要注意采光良好，阳光本身就有心理疗愈的力量，能够让学生感到明亮和希望；存放咨询记录及相关材料的柜子要上锁，存放学生心理档案、咨询记录的电脑要设置密码、不联网，做好保密工作，让学生安心；宣泄室要做好隔音及软装保护，确保学生隐私安全；心理咨询室、沙盘室等在使用时，要做到完全不被打扰，让学生安静接受咨询。

第四，心理健康教育中心还要充分考虑学生的心理特点，做一些巧妙的布置，让学生心里时刻感受到被照顾、被引导。如上海食品科技学校心理健康中心布置的"彩虹的阶梯"，以亮色的背景、积极的语言，在学生沿梯而上时就感受到如彩虹般绚丽的心情转换；"生命的绽放"让学生通过播种、浇灌、修剪、养护的历程重新经历生命的成长，感受生命的力量、希望和美好；"阳光沙龙"让学生沐浴在大自然的光亮中，充分感受阳光的热情、活力与温暖。此外，还可以通过心理探究挂图渗透好玩有趣的心理知识、励志文字挂画传递心理能量、心理学名人挂画启迪学生心灵等。

校园物质文化的创建从整体到细节，都可以充分地贴合青春期学生心理发展的特点和需要，以物质文化承载优秀的人格特质、蕴含积极的心理品质，为青春期心灵的成长厚植正能量。与此同时，青春期心理健康课程要充分挖掘校园物质文化中的资源，成为课堂教学的素材，让课程更能落地于学校校园文化的建设与学生心理的健康发展，焕发蓬勃的生命力。

参考文献

[1] 张国军. 校园文化对中学生心理健康的影响及对策研究 [D]. 广州：广州大学，2016.

[2] 高彩云. 发扬光大"清荷"文化，以史育人 [N]. 青年报，2017-02-10（B05）.

[3] 黄必超. 校园文化建设与大学生心理健康教育的关联及互动策略 [J]. 职业技术教育，2015，36（14）：71-74.

[4] 毛燕. 打造青藤文化，引领学校发展——上海工商信息学校青藤学校文化建设的研究和实践 [J]. 现代教学，2014（24）：56-59.

郑重声明

高等教育出版社依法对本书享有专有出版权。任何未经许可的复制、销售行为均违反《中华人民共和国著作权法》，其行为人将承担相应的民事责任和行政责任；构成犯罪的，将被依法追究刑事责任。为了维护市场秩序，保护读者的合法权益，避免读者误用盗版书造成不良后果，我社将配合行政执法部门和司法机关对违法犯罪的单位和个人进行严厉打击。社会各界人士如发现上述侵权行为，希望及时举报，我社将奖励举报有功人员。

反盗版举报电话　（010）58581999　58582371
反盗版举报邮箱　dd@hep.com.cn
通信地址　北京市西城区德外大街 4 号　高等教育出版社法律事务部
邮政编码　100120

读者意见反馈

为收集对教材的意见建议，进一步完善教材编写并做好服务工作，读者可将对本教材的意见建议通过如下渠道反馈至我社。

咨询电话　400-810-0598
反馈邮箱　zz_dzyj@pub.hep.cn
通信地址　北京市朝阳区惠新东街 4 号富盛大厦 1 座
　　　　　高等教育出版社总编辑办公室
邮政编码　100029